Chambers

Polish phrasebook

Monika Żaczek

Marek Znidericz

Chambers

First published by Chambers Harrap Publishers Ltd 2007
7 Hopetoun Crescent
Edinburgh EH7 4AY

ISBN: 978 0550 10315 4

Editor & Project Manager
Anna Stevenson

Prepress
Isla MacLean
Becky Pickard

Designed and typeset by Chambers Harrap Publishers Ltd, Edinburgh
Printed and bound by Tien Wah Press (PTE.) LTD., Singapore
Illustrations by Art Explosion

CONTENTS

INTRODUCTION

This brand new English-Polish phrasebook from Chambers is ideal for anyone wishing to try out their foreign language skills while travelling abroad. The information is practical and clearly presented, helping you to overcome the language barrier and mix with the locals.

Each section features a list of useful words and a selection of common phrases: some of these you will read or hear, while others will help you to express yourself. The simple phonetic transcription system, specifically designed for English speakers, ensures that you will always make yourself understood.

The book also includes a mini bilingual dictionary of around 5,000 words, so that more adventurous users can build on the basic structures and engage in more complex conversations.

Concise information on local culture and customs is provided, along with practical tips to save you time. After all, you're on holiday – time to relax and enjoy yourself! There is also a food and drink glossary to help you make sense of menus, and ensure that you don't miss out on any of the national or regional specialities.

Remember that any effort you make will be appreciated. So don't be shy – have a go!

PRONUNCIATION

After every Polish phrase in this book, you will find a transcription in italics. By reading these phonetic transcriptions, which have been specially written for English speakers, you will be able to make yourself understood in Poland.

The Polish alphabet has the following letters:

a ą b c ć d e ę f g h i j k l ł m n ń o ó p r s ś t u w y z ź ż

q, **v** and **x** are not part of the Polish alphabet, but you will see them in words/abbreviations borrowed from other languages, eg **quiz**.

VOWELS

Polish letter	Transliteration	Pronunciation
a	*a*	as in c**a**t
ą	*on*	as in s**on**g
	om	as in st**om**p
e	*e*	as in **e**gg
ę	*en*	as in **en**d (in the middle of words)
	em	as in **em**pty
i (followed by a consonant)	*ee*	as in sh**ee**t
i (followed by a vowel)	*y*	as in **y**acht
o	*o*	as in cl**o**ck
ó	*u*	as in p**u**t
u	*u*	as in p**u**t
y	*i*	as in f**i**sh

At the beginning of words, the Polish **u** is pronounced without a preceding *y* sound.

CONSONANTS

Polish letter	Transliteration	Pronunciation
c	*ts*	as in **ts**ar
ć	*ch*	as in **ch**eck
d	*t*	as in ten**t** (at the end of words)
g	*g*	as in **g**et
j	*y*	as in **y**acht
ł	*w*	as in **w**eek (but silent between consonants and at the end of words when it follows a consonant)
ń	*n*	as in **n**ews
r	*r*	rolled as in ki**r**k in Scots English
ś	*sh*	as in **sh**op
w	*v*	as in **v**an
	f	as in proo**f**
ź	*zh*	as in televi**si**on
ż	*zh*	as in televi**si**on
	sh	as in wi**sh**

Other consonants are pronounced roughly as in English. Remember to stress the syllables in **bold**.

ABBREVIATIONS USED IN THIS BOOK

acc.	accusative	*m*	masculine
adj	adjective	*n*	noun
adv	adverb	*nom.*	nominative
dat.	dative	*pers.*	personal
f	feminine	*pl*	plural
gen.	genitive	*sg*	singular
instr.	intstrumental	*v*	verb
loc.	locative	*voc.*	vocative

EVERYDAY CONVERSATION

ⓘ

It is customary to use the polite form of address when talking to strangers or professional acquaintances. This means using the third person singular (**pan** for men, **pani** for women), or plural (**państwo**) if talking to more than one person. Once you have got to know someone you can suggest switching to the familiar form, particularly if the other person is younger than you or junior to you in a work capacity. If you know someone fairly well but don't want to appear too familiar, you can address them as **pan** or **pani** followed by their first name, for example **pani Ania**, **pan Marek**. Note that people's names change ending just like common nouns do: for example in the vocative case (used to address a person directly), **pani Ania** becomes **pani Aniu** and **pan Marek** becomes **panie Marku**.

The basics

bye	cześć *cheshch*
excuse me	przepraszam *psheprasham*
good afternoon	dzień dobry *jen dobri*
goodbye	do widzenia *do veedzenya*
good evening	dobry wieczór *dobri vyechur*
good morning	dzień dobry *jen dobri*
goodnight	dobranoc *dobranots*
hello	dzień dobry *jen dobri*
hi	cześć *cheshch*
no	nie *nye*
OK	ok *okey*
pardon?	słucham? *swuham?*
please	proszę *proshe*
thanks	dzięki *jenkee*
thank you	dziękuję *jenkuye*
yes	tak *tak*

Expressing yourself

I'd like ...
chciałbym *(m)*/chciałabym *(f)* ...
kchowbim/kchowabim ...

we'd like ...
chcielibyśmy ...
kcheleebishmi ...

do you want ...?
czy chce Pan/Pani ...?
chi ktse pan/panee ...?

do you have ...?
czy ma Pan/Pani ...?
chi ma pan/panee ...?

is there a ...?
czy jest ...?
chi yest ...?

are there any ...?
czy są ...?
chi son ...?

how ...?
jak ...?
yak ...?

why ...?
dlaczego ...?
dlachego ...?

when ...?
kiedy ...?
kyedi ...?

what ...?
co ...?
tso ...?

where is ...?
gdzie jest ...?
gje yest ...?

where are ...?
gdzie są ...?
gje son ...?

how much is it?
ile to kosztuje?
eele to koshtuye?

what is it?
co to jest?
tso to yest?

do you speak English?
czy mówi Pan/Pani po angielsku?
chi muvi pan/panee po angyelsku?

where are the toilets, please?
gdzie są toalety?
gje son toaleti?

how are you?
co słychać?
tso swihach?

fine, thanks
wszystko w porządku, dziękuję
fshistko w pozhondku, jenkuye

thanks very much
dziękuję bardzo
jenkuye bardzo

no, thanks
nie, dziękuję
nye jenkuye

yes, please
tak, proszę
tak, proshe

you're welcome
proszę bardzo
proshe bardzo

see you later	**I'm sorry**
do zobaczenia	przepraszam
do zobachenya	*psheprasham*

Understanding

bezpłatny	free of charge
nieczynny	out of order
otwarte	open
proszę nie …	do not …
rezerwacja	reserved
toalety	toilets
uwaga	be careful
wejście	entrance
wyjście	exit
zakaz palenia	no smoking
zakaz parkowania	no parking

| **jest/są …** | **witamy** |
| there's/there are … | welcome |

| **czy mogę …?** | **chwileczkę** |
| do you mind if …? | one moment, please |

proszę usiąść
please take a seat

PROBLEMS UNDERSTANDING POLISH

Expressing yourself

pardon?	**what?**
słucham?	co?
swuham?	*tso?*

could you repeat that, please?
proszę powtórzyć
proshe povtuzhich

could you speak more slowly?
czy może Pan/Pani mówić wolniej?
chi mozhe pan/panee muveech volnyey?

I don't understand
nie rozumiem
nye rozumyem

I understand a little Polish
trochę rozumiem po polsku
trohe rozumyem po polsku

I can understand Polish but I can't speak it
rozumiem po polsku, ale nie umiem mówić
ozumyem po polsku, ale nye umyem muveech

I hardly speak any Polish
właściwie nie mówię po polsku
vwashcheevye nye muvye po polsku

do you speak English?
czy mówi Pan/Pani po angielsku?
chi muvee pan/panee po angyelsku?

how do you say ... in Polish?
jak się mówi ... po polsku?
yak she muvee ... po polsku?

how do you spell it?
jak to się pisze?
yak to she pishe?

what's that called in Polish?
jak to się nazywa po polsku?
yak to she naziva po polsku?

could you write it down for me?
czy może mi to Pan/Pani zapisać?
chi mozhe mee to pan/panee zapeesach?

Understanding

czy rozumie Pan/Pani po polsku?
do you understand Polish?

zapiszę to Panu/Pani
I'll write it down for you

to znaczy ...
it means ...

to rodzaj ...
it's a kind of ...

SPEAKING ABOUT THE LANGUAGE

Expressing yourself

I learned a few words from my phrasebook
nauczyłem *(m)*/nauczyłam *(f)* się kilku słów z rozmówek
*now**chi**wem/now**chi**wam she **kil**ku swuv z roz**mu**vek*

I can just about get by
radzę sobie
*ra**dze so**bye*

I know just a few words
znam tylko parę słów
*znam **til**ko **pa**re swuv*

I find Polish a difficult language
myślę, że polski jest bardzo trudnym językiem
*mish**le zhe pol**ski yest **bard**zo **trud**nim jen**zi**kyem*

I know the basics but no more than that
znam podstawy i nic więcej
*znam pod**sta**vi i nits **vyent**sey*

people speak too quickly for me
jak dla mnie, ludzie mówią za szybko
*yak dla mnie, **lu**je **mu**vyon za **shib**ko*

Understanding

ma Pan/Pani dobry akcent
you have a good accent

świetnie mówi Pan/Pani po polsku
you speak very good Polish

ASKING THE WAY

Expressing yourself

excuse me, can you tell me where the ... is, please?
przepraszam, gdzie jest ...?
*pshe**pra**sham, gje yest ...?*

which way is it to …?
którędy do …?
kturendi do …?

can you tell me how to get to …?
jak dojechać do …?
yak doyehach do …?

is there a … near here?
czy jest w pobliżu …?
chi yest v pobleezhu …?

could you show me on the map?
czy może mi Pan/Pani pokazać to na mapie?
chi mozhe mi pan/panee pokazach to na mapye?

is there a map of the town somewhere?
czy jest tu gdzieś plan miasta?
chi yest tu gjesh plan myasta?

is it far?
czy to daleko?
chi to daleko?

I'm looking for …
szukam …
shukam …

I'm lost
zgubiłem się *(m)*/zgubiłam się *(f)*
zgubeewem she/zgubeewam she

Understanding

prosto	straight ahead
proszę iść dalej	keep going
proszę skręcić	turn
proszę trzymać się	follow
proszę iść do góry	go up
proszę iść na dół	go down
w lewo	left
w prawo	right

jest Pan/Pani pieszo?
are you on foot?

to pięć minut samochodem
it's five minutes away by car

to pierwszy/drugi/trzeci po lewej
it's the first/second/third on the left

proszę skręcić w prawo na rondzie
turn right at the roundabout

proszę skręcić w lewo za bankiem
turn left at the bank

proszę skręcić w następny zjazd
take the next exit

to nie daleko
it's not far

to tuż za rogiem
it's just round the corner

GETTING TO KNOW PEOPLE

The basics

bad	zły *zwi*
beautiful	piękny *pyenkni*
boring	nudny *nudni*
cheap	tani *tanee*
expensive	drogi *drogee*
good	dobry *dobri*
great	świetny *shvyetni*
interesting	interesujący *interesujontsy*
nice	miły *meewi*
not bad	niezły *nyezwi*
well	dobrze *dobzhe*
to hate	nienawidzieć *nyenaveejech*
to like	lubić *lubeech*
to love	uwielbiać *uvyelbyach*

INTRODUCING YOURSELF AND FINDING OUT ABOUT OTHER PEOPLE

Expressing yourself

my name's …
nazywam się …
nazivam she …

what's your name?
jak się nazywasz?
yak she nazivash?

how do you do?
miło mi Pana/Panią poznać
meewo mee pana/panion poznach

pleased to meet you!
miło mi!
meewo mee!

this is my husband/my wife
to jest mój mąż/moja żona
to yest muy monzh/moya zhona

this is my girlfriend, Karen
to moja dziewczyna, Karen
to moya jefchina, karen

I'm English
jestem Anglikiem *(m)*/Angielką *(f)*
yestem angleekyem/angyelkon

I'm from …
jestem z …
yestem z …

where are you from?
skąd pochodzisz?
skont pohojeesh?

how old are you?
ile masz lat?
eele mash lat?

I'm 22
mam 22 lata
mam dvajeshcha dva lata

what do you do for a living?
czym się zajmujesz?
chim she zaymuyesh?

are you a student?
jesteś studentem?
yestesh studentem?

I work
pracuję
pratsuye

I'm studying law
studiuję prawo
studyuye pravo

I'm a teacher
jestem nauczycielem
yestem nowchichelem

I stay at home with the children
zajmuję się dziećmi
zaymuye she jechmee

I work part-time
pracuję na pół etatu
pratsuye na puw etatu

I work in marketing
pracuję w marketingu
pratsuye v marketeengu

I'm retired
jestem na emeryturze
yestem na emerituzhe

I'm self-employed
mam własną firmę
mam vvasnon feerme

I have two children
mam dwoje dzieci
mam dvoye jechee

we don't have any children
nie mamy dzieci
nye mami jechee

two boys and a girl
dwóch chłopców i dziewczynkę
dvuk hwoptsuf i jefchinke

a boy of five and a girl of two
pięcioletniego chłopca i dwuletnią dziewczynkę
pyencholetnyego hwoptsa i dvuletnyon jefchinke

have you ever been to Britain?
czy byłeś *(m)*/byłaś *(f)* kiedyś w Wielkiej Brytanii?
chi biwesh/biwash kyedish v vyelkey britanee?

jesteś Anglikiem *(m)*/Angielką *(f)*?
are you English?

znam Anglię całkiem nieźle
I know England quite well

też jesteśmy tutaj na wakacjach
we're on holiday here too

chciałbym *(m)*/chciałabym *(f)* pojechać kiedyś do Szkocji
I'd love to go to Scotland one day

TALKING ABOUT YOUR STAY

I'm here on business
jestem tu w interesach
yestem tu v interesak

we're on holiday
jesteśmy na wakacjach
yesteshmi na vakatsyak

I arrived three days ago
jestem tu od trzech dni
yestem tu od chek dnee

we've been here for a week
jestem tu od tygodnia
yestem tu od tigodnya

I'm only here for a long weekend
jestem tu tylko na długi weekend
yestem tu tilko na dwugee weekend

we're just passing through
tylko przejeżdżamy
tilko psheyezhjami

this is our first time in Poland
to nasza pierwsza wizyta w Polsce
to nasha pyerfsha veezita v polstse

we're here to celebrate our wedding anniversary
świętujemy tu naszą rocznicę ślubu
shvyentuyemi tu nashon rochneetse shlubu

we're on our honeymoon
to nasz miesiąc miodowy
to nash myeshonts myodovi

we're here with friends
jesteśmy tu z przyjaciółmi
yesteshmi tu z pshiyachuwmee

we're touring Poland
objeżdżamy Polskę
obyezhjami polske

we managed to get a cheap flight
udało się nam znaleźć tani lot
udowo she nam znalezhch tanee lot

we're thinking about buying a house here
zastanawiamy się, czy nie kupić tutaj domu
zastanavyami she chi nye kupeech tutay domu

Understanding

miłego pobytu!
enjoy your stay!

udanych wakacji!
enjoy the rest of your holiday!

czy to twoja pierwsza wizyta w Polsce?
is this your first time in Poland?

jak długo zostajesz w Polsce?
how long are you staying?

podoba ci się tutaj?
do you like it here?

czy byłeś w …?
have you been to …?

STAYING IN TOUCH

Expressing yourself

we should stay in touch
powinniśmy zostać w kontakcie
poveennishmi zostach v kontakche

I'll give you my e-mail address
dam ci mój adres mailowy
dam chee muy adres maylovi

here's my address, in case you ever come to Britain
to mój adres, gdybyś kiedyś był w Wielkiej Brytanii
to muy adres, gdibish kyedish biw v vyelkyey britanee

Understanding

czy możesz mi dać swój adres?
will you give me your address?

czy masz adres mailowy?
do you have an e-mail address?

zawsze będzie nam miło cię gościć
you're always welcome to come and stay with us here

EXPRESSING YOUR OPINION

> **Some informal expressions**
>
> **ale nuda!** how boring!
> **super impreza!** what a great party!

Expressing yourself

I really like the hotel
bardzo mi się podoba hotel
bardzo mee she podob hotel

I really liked the people
bardzo podobali mi się ludzie
bardzo podobalee mee she luje

I don't like our rooms
nie podobają mi się nasze pokoje
nye podobayon mee she nashe pokoye

I didn't like the trip to …
nie podobała mi się wycieczka do …
nye podobowa mee she vichechka do …

I love this place
uwielbiam to miejsce
uvyelbyam to myeystse

I loved the museum
strasznie mi się podobało muzeum
strashnye mee she podobowo muzeum

I would like to come back
chciałbym *(m)*/chciałabym *(f)* tu wrócić
kchowbim/kchowabim tu vrucheech

I would have liked to stay longer
chciałbym *(m)*/chciałabym *(f)* zostać dłużej
kchowbim/kchowabim zostach dwuzhey

I find it ...
dla mnie to jest ...
dla mnye to yest ...

I found it ...
dla mnie to był ...
dla mnye to biw ...

it's lovely
to jest piękne
to yest pyenkne

it was lovely
to było piękne
to biwo pyenkne

I agree
zgadzam się
zgadzam she

I don't agree
nie zgadzam się
nye zgadzam she

I don't know
nie wiem
nye vyem

I don't mind
nie robi mi to różnicy
nye robee mee to ruzhneetsi

I don't like the sound of it
nie podoba mi się to
nye podoba mee she to

it sounds interesting
brzmi interesująco
bzhmee interesuyontso

it really annoys me
to naprawdę denerwujące
to napravde denervuyontse

it was boring
to było nudne
to biwo nudne

it's a rip-off
to zdzierstwo
to zjerstvo

it gets very busy at night
robi sie tu tłoczno wieczorami
robee she tu twochno vyechuramee

it's too busy
tu jest za tłoczno
tu yest za twochno

it's very quiet
bardzo tu cicho
bardzo tu cheeho

I really enjoyed myself
świetnie się bawiłem *(m)*/bawiłam *(f)*
shvyetnye she baveewem/baveewam

we had a great time
świetnie się bawiliśmy
shvyetnye she baveeleeshmi

there was a really good atmosphere
atmosfera była świetna
atmosfera biwa shvyetna

we met some nice people
spotkaliśmy bardzo miłych ludzi
spotkaleeshmi bardzo meewik lujee

we found a great hotel
znaleźliśmy świetny hotel
znalezhleeshmi shvyetni hote

Understanding

podoba ci się ...?
do you like ...?

dobrze się bawiliście?
did you enjoy yourselves?

powinieneś *(m)*/**powinnaś** *(f)* **pojechać do ...**
you should go to ...

polecam ...
I recommend ...

to piękna okolica
it's a lovely area

nie ma za dużo turystów
there aren't too many tourists

nie jedź tam w weekend, strasznie tam tłoczno
don't go at the weekend, it's too busy

to jest trochę przereklamowane
it's a bit overrated

TALKING ABOUT THE WEATHER

> **Some informal expressions**
> **leje jak z cebra!** it's pouring!
> **straszny skwar!** it's boiling hot!

Expressing yourself

have you seen the weather forecast for tomorrow?
widziałeś (m)/widziałaś (f) prognozę na jutro?
veejowesh/veejowash prognoze na yutro?

it's going to be nice
będzie ładna pogoda
benje wadna pogoda

it isn't going to be nice
będzie brzydka pogoda
benje bzhidka pogoda

it's really hot
jest strasznie gorąco
yest strashnye gorontso

it gets cold in the evening
wieczorami robi się zimno
vyechorami robee she zheemno

the weather was beautiful
była piękna pogoda
biwa pyenkna pogoda

it rained a few times
padało kilka razy
padowo keelka razi

there was a thunderstorm
była burza z piorunami
biwa buzha z pyorunamee

it's been lovely all week
cały tydzień była piękna pogoda
tsowi tijen biwa pyenkna pogoda

it's very humid here
tu jest bardzo wilgotno
tu yest bardzo veelgotno

we've been lucky with the weather
mieliśmy szczęście z pogodą
myeleeshmi shchenshche z pogodon

Understanding

ma padać
it's supposed to rain

do końca tygodnia ma być ładna pogoda
they've forecast good weather for the rest of the week

jutro znowu będzie gorąco
it will be hot again tomorrow

TRAVELLING

The basics

airport	lotnisko *lotneesko*
boarding	wejście na pokład *veyshche na pokwad*
boarding card	karta pokładowa *karta pokwadova*
boat	statek *statek*
bus	autobus *owtobus*
bus station	dworzec autobusowy *dvozhets owtobusovi*
bus stop	przystanek autobusowy *pshistanek owtobusovi*
car	samochód *samochud*
check-in	odprawa *odprava*
coach	autobus *owtobus*
ferry	prom *prom*
flight	lot *lot*
gate	wyjście *viyshche*
left-luggage (office)	przechowalnia bagażu *pshehovalnia bagazhu*
luggage	bagaż *bagazh*
map	mapa *mapa*
motorway	autostrada *owtostrada*
passport	paszport *pashport*
plane	samolot *samolot*
platform	peron *peron*
railway station	dworzec kolejowy *dvozhets koleyovi*
return (ticket)	bilet powrotny *beelet povrotni*
road	droga *droga*
shuttle bus	shuttle bus *shuttle bus*
single (ticket)	bilet w jedną stronę *beelet v jednon strone*
street	ulica *uleetsa*
street map	mapa drogowa *mapa drogova*
taxi	taksówka *taksufka*
terminal	terminal *termeenal*
ticket	bilet *beelet*
timetable	rozkład jazdy *rozkwad yazdi*
town centre	centrum *tsentrum*
track	tor *tor*

train	pociąg *pochong*
tram	tramwaj *tramvay*
underground	metro *metro*
underground station	stacja metra *statsya metra*
to book	zarezerwować *zarezervovach*
to check in	*(at airport)* odprawić się *odpravich she*
to hire	wynająć *vinayonch*

Expressing yourself

where can I buy tickets?
gdzie mogę kupić bilety?
gje moge kupeech beeleti?

a ticket to ..., please
poproszę bilet do ...
poproshe beelet do ...

I'd like to book a ticket
chciałbym *(m)*/chciałabym *(f)* zarezerwować bilet
kchowbim/kchowabim zarezervovach beelet

how much is a ticket to ...?
ile kosztuje bilet do ...?
eele koshtuye beelet do ...?

are there any concessions for students?
czy są ulgi dla studentów?
chi son ulgee dla studentuf?

could I have a timetable, please?
czy mogę poprosić o rozkład jazdy?
chi moge poprosheech o rozkwad yazdi?

is there an earlier/later one?
czy jest jakieś połączenie wcześniej/później?
chi yest yakyesh powonchenye fcheshnyey/puzhnyey?

how long does the journey take?
jak długo się jedzie?
yak dwugo she yeje?

is this seat free?
wolne?
volne?

I'm sorry, there's someone sitting there
niestety to miejsce jest zajęte
nyesteti to myeystse yest zayente

Understanding

Making sense of abbreviations
dworzec PKP railway station
dworzec PKS coach station
M (= Metro) underground

Days of the week
n (= niedziela) Sunday
pn (= poniedziałek) Monday
wt (= wtorek) Tuesday
śr (= środa) Wednesday
cz/czw (= czwartek) Thursday
pt (= piątek) Friday
sb (= sobota) Saturday

damski	ladies
informacja	information
kasy	tickets
męski	gents
nie wchodzić	no entry
odjazdy	departures *(train, bus)*
odloty	departures *(plane)*
odwołany	cancelled
opóźniony	delayed
Panie	ladies
Panowie	gents
połączenia	connections
przyjazdy	arrivals *(train, bus)*
przyloty	arrivals *(plane)*
toalety	toilets
wejście	entrance
wyjście	exit

BY PLANE

ℹ️

There are daily domestic flights between the major cities, including Warsaw, Kraków, Poznań and Gdańsk (four return trips a day between Warsaw and Kraków). Planes have traditionally been much more expensive than trains, but with the advent of budget airlines on domestic routes it is worth checking these.

Expressing yourself

where's the British Airways check-in?
gdzie jest odprawa British Airways?
gje yest odprava british airways?

I've got an e-ticket
mam bilet internetowy
mam beelet eenternetovi

one suitcase and one piece of hand luggage
jedna walizka i jedna torba podręczna
yedna valeezka ee yedna torba podrenchna

what time do we board?
o której zaczyna się wejście na pokład?
o kturey zachina she veyshche na pokwad?

I'd like to confirm my return flight
chciałbym *(m)*/chciałabym *(f)* potwierdzić mój lot powrotny
kchowbim/kchowabim potfyerjeech muy lot povrotni

one of my suitcases is missing
nie ma jednej z moich walizek
nye ma yedney z moeech valeezek

my luggage hasn't arrived
nie ma mojego bagażu
nye ma moyego bagazhu

the plane was two hours late
samolot miał dwie godziny spóźnienia
samolot myow dvye gojeeni spuzhnyenya

I've missed my connection
spóźniłem *(m)*/spóźniłam *(f)* się na połączenie
spuzhneewem/spuzhneewam she na powonchenye

I've left something on the plane
zostawiłem *(m)*/zostawiłam *(f)* coś w samolocie
zostaviwem/zostaviwam tsosh w samoloche

I want to report the loss of my luggage
chciałbym *(m)*/chciałabym *(f)* zgłosić zagubienie mojego bagażu
kchowbim/kchowabim zgwosheech zagubyenye moyego bagazhu

Understanding

kontrola celna	customs
kontrola paszportowa	passport control
loty krajowe	domestic flights
natychmiastowe wejście na pokład	immediate boarding
nic do oclenia	nothing to declare
odbiór bagażu	baggage reclaim
odprawa	check-in
sala odlotów	departure lounge
towary do oclenia	goods to declare
wolnocłowy	duty free

proszę czekać w sali odlotów
please wait in the departure lounge

miejsce przy oknie czy przy przejściu?
would you like a window seat or an aisle seat?

musi się Pan/Pani przesiąść w …
you'll have to change in …

ile ma Pan/Pani walizek?
how many bags do you have?

czy spakował Pan/spakowała Pani swój bagaż samodzielnie?
did you pack all your bags yourself?

czy ktoś dał Panu/Pani coś do wniesienia na pokład?
has anyone given you anything to take on board?

ma Pan/Pani pięć kilo nadbagażu
your luggage is five kilos overweight

Pana/Pani karta pokładowa
here's your boarding card

wejście na pokład zaczyna się o …
boarding will begin at …

proszę przejść do wyjścia numer …
please proceed to gate number …

ostatnie wezwanie pasażerów lecących do …
this is a final call for …

**może Pan/Pani zadzwonić pod ten numer, żeby sprawdzić
czy Pana/Pani bagaż już dotarł**
you can call this number to check if your luggage has arrived

BY TRAIN, COACH, BUS, UNDERGROUND, TRAM

The same tickets are used for the buses, trams and underground. They are sold at newspaper kiosks and post offices. You can also buy them direct from the bus or tram driver, but this works out slightly more expensive, and it is possible that the driver will not have any tickets available so it is best to buy in advance. You have to stamp your ticket in a machine on the bus/tram for it to be valid. Do not forget to do this as ticket inspectors tend to be unsympathetic to foreigners who forget to validate their tickets.

You can buy single-trip tickets (**bilet jednorazowy**) as well as other types, including daily, weekly or monthly passes (**bilet dobowy**, **bilet tygodniowy** and **karta miejska** respectively). These passes are also valid for the night buses.

In Warsaw you may take luggage with you on public transport at no extra cost. But in other towns there may be an extra charge so you should check this.

There are generally no discounts on public transport for children, senior citizens or students from outside Poland. However there are reduced train fares for family groups. Students up to the age of 26 with an ISIC card qualify for discounts on public transport in Warsaw and Kraków, and on some coach lines such as **Polski Express**. As acceptance of ISIC is spreading, it is worth presenting it to see if a discount is available.

The Warsaw underground has one line which runs north-south via the centre. Tickets are the same as for buses and trams and they are validated when you use them to go through the automatic barriers. They do not need additional validation on the underground train.

Train tickets are sold at stations and travel agencies such as **Orbis**. There are various types of trains: **Intercity**, **ekspres** (main-line trains), **pośpieszny** (fast regional trains) and **osobowy** (slow local trains with frequent stops). **Intercity**, **ekspres** and **pospieszny** trains have two classes. Generally, you must have a seat reservation (**miejscówka**) on intercity and express trains, although some promotional fares do not require this.

Public transport can generally be relied upon to be on time, and there are frequent ticket inspections.

Expressing yourself

what time is the next train to …?
o której jest następny pociąg do …?
o kturey yest nastempni pochong do …?

what time is the last train?
o której odjeżdża ostatni pociąg?
o kturey odyezhja ostatnee pochong?

which platform is it for …?
z którego peronu odjeżdża pociąg do …?
z kturego peronu odyezhja pochong do …?

where can I catch a bus to …?
skąd odjeżdża autobus do …?
*skont od**yezh**ja ow**to**bus do …?*

which line do I take to get to …?
który autobus jedzie do …?
*k**tu**ri ow**to**bus **ye**je do …?*

is this the stop for …?
czy mam tu wysiąść do …?
*chi mam tu **vi**shonshch do …?*

is this where the coach leaves for …?
czy stąd odjeżdża autobus do …?
*chi stont od**yezh**ja ow**to**bus do …?*

can you tell me when I need to get off?
czy może mi Pan/Pani powiedzieć, gdzie mam wysiąść?
*chi **mo**zhe mee Pan/**Pa**nee pov**ye**jech gje mam **vi**shonshch?*

I've missed my train/bus
spóźniłem *(m)*/spóźniłam *(f)* się na mój pociąg/autobus
*spuzh**nee**wem/spuzh**nee**wam she na muy **po**chong/ow**to**bus*

Understanding

dni robocze	weekdays
dobowy	for the day
karta miejska	travel card
kasa biletowa	ticket office
miesięczny	monthly
normalny	full-price (ticket)
perony	to the trains
przejścia nie ma	no crossing
rezerwacje	bookings
tygodniowy	weekly
ulgowy	reduced-price (ticket)

przystanek jest prosto i na prawo
there's a stop a bit further along on the right

proszę przygotować odliczoną kwotę
exact money only, please

musi się Pan/Pani przesiąść w ...
you'll have to change at ...

musi Pan/Pani jechać autobusem numer ...
you need to get the number ... bus

pociąg zatrzymuje się w ...
this train calls at ...

stąd jeszcze dwa przystanki
two stops from here

BY CAR

ⓘ

Your home driving licence will be valid in Poland unless you are from outside the EU, in which case you must have an International Driver's Licence. If you are stopped by police, you must be able to show your driving licence and insurance documents, which will be scrupulously checked.

In Warsaw and other big cities you need to pay for parking on weekdays from 8am to 6pm; it's free otherwise. Due to the frequency of car theft (particularly of foreign cars) there are growing numbers of secure car parks (**parking strzeżony**) which charge an entrance fee.

There are only two sections of motorway (**autostrada**), one between Katowice and Kraków, and the other from Poznań to Konin. These are toll roads. Many other roads are in quite poor condition and some can be dangerous (the Poznań–Warsaw road is particularly bad). However, recently built roads are of a high standard. Speed traps are common. There are plenty of service stations and roadside snack bars and restaurants.

Wearing a seatbelt is compulsory in both front and back, and it is a legal requirement to drive with dipped headlights from 1 October to the end of February.

To avoid being ripped off by taxi drivers (particularly outside airports and stations), call your own taxi or choose one with a phone number on the side – this means it is a registered cab. Drivers take as many passengers as there are seats and there is no extra charge for luggage.

where can I find a petrol station?
gdzie jest najbliższa stacja benzynowa?
gje yest naybleezhsha statsya benzinova?

lead-free petrol, please
poproszę bezołowiową
poproshe bezowovyovon

how much is it per litre?
ile kosztuje litr?
eele koshtuye leetr?

we got stuck in a traffic jam
utknęliśmy w korku
utkneleeshmi w korku

is there a garage near here?
czy jest tu w pobliżu warsztat samochodowy?
chi yest tu v pobleezhu varshtat samohodovi?

can you help us to push the car?
czy mógłby Pan pomóc nam popchnąć samochód?
chi mugby pan pomuts nam popknonch samohud?

the battery's dead
akumulator się rozładował
akumulator she rozwadovow

I've broken down
samochód mi się popsuł
samohud mee she popsuw

we've run out of petrol
skończyła się nam benzyna
skonchiwa she nam benzina

I've got a puncture and my spare tyre is flat
złapałem *(m)*/złapałam *(f)* gumę, a moje koło zapasowe jest przebite
zwapowem/zwapowam gume, a moye kowo zapasove yest pshebeete

we've just had an accident
właśnie mieliśmy wypadek
vwashnye myeleeshmi vipadek

I've lost my car keys
zgubiłem *(m)*/zgubiłam *(f)* kluczyki do samochodu
zgubeewem/zgubeewam kluchikee do samohodu

how long will it take to repair?
jak długo potrwa naprawa?
yak dwugo potrfa naprava?

◆ Hiring a car

I'd like to hire a car for a week
chciałbym *(m)*/chciałabym *(f)* wynająć samochód na jeden tydzień
kchowbim/kchowabim vinayonch samohud na yeden tyjen

an automatic (car)
samochód z automatyczną skrzynią biegów
samohud z owtomatichnon skshinyon byeguf

do I have to fill the tank before I return it?
czy muszę zatankować do pełna zanim go oddam?
chi mushe zatankovach do pewna zaneem go oddam?

I'd like to take out comprehensive insurance
chciałbym *(m)*/chciałabym *(f)* wykupić OC i AC
kchowbim/kchowabim vikupeech otse ee atse

◆ Getting a taxi

is there a taxi rank near here?
czy w pobliżu jest postój taksówek?
chi v pobleezhu yest postuy taksuvek?

I'd like to go to ...
poproszę do ...
poproshe do ...

I'd like to book a taxi for 8pm
chciałbym *(m)*/chciałabym *(f)* zamówić taksówkę na dwudziestą
kchowbim/kchowabim zamuveech taksufke na dvujeston

you can drop me off here, thanks
może mnie Pan wysadzić tutaj, dziękuję
mozhe mnye pan visajeech tutay, jenkuye

how much will it be to go to the airport?
ile kosztuje kurs na lotnisko?
eele koshtuye kurs na lotneesko?

◆ Hitchhiking

I'm going to ...
jadę do ...
yade do ...

can you drop me off here?
czy może mnie Pan/Pani wysadzić tutaj?
chi mozhe mnye pan/panee visajeech tutay?

could you take me as far as ...?
czy może mnie Pan/Pani zabrać do ...?
chi mozhe mnye pan/panee zabrach do ...?

thanks for the lift
dziękuję za podwiezienie
jenkuye za podvyezhenye

we hitched a lift
złapaliśmy stopa
zwapaleeshmi stopa

Understanding

parking	car park
pełny	full *(car park)*
pozostałe kierunki	other directions
proszę zatrzymać bilet	keep your ticket
proszę zostawić paragon w widocznym miejscu	display your ticket in a visible place
wolny	spaces *(car park)*
wszystkie kierunki	all directions
wynajem samochodów	car hire
zakaz parkowania	no parking
zwolnij	slow

poproszę Pana/Pani dowód osobisty, prawo jazdy i kartę kredytową
I'll need your ID, driving licence and credit card

trzeba wpłacić depozyt w wysokości 150 złotych
there's a 150-zloty deposit

proszę wsiadać, podwiozę Pana/Panią do ...
all right, get in, I'll take you as far as ...

BY BOAT

Expressing yourself

how long is the crossing?
ile trwa przeprawa?
eele trfa psheprava?

I feel seasick
niedobrze mi
nyedobzhe mee

Understanding

następny prom odpływa o …
next crossing at …

tylko pasażerowie niezmotoryzowani
foot passengers only

ACCOMMODATION 🔑

ℹ️

Hotel prices in Poland vary dramatically between high and low season. If you want to visit in low season then May (apart from the long weekend around 1st and 3rd May which are public holidays) is the ideal month, as the weather is usually warm and sunny. Booking ahead is strongly recommended in high season. Hotels are classified with the usual star system (from 1* to 5*). You will be asked for ID when you check in.

The cheapest option is camping. On some campsites (particularly those in Mazury), you can rent small chalets (**domki**), though these are snapped up quickly in high season. It is often possible to camp on private land, subject to agreement with the owner and on payment of a small fee. Camping out in the open is illegal.

The basics

bath	wanna *vanna*
bathroom	łazienka *wazhenka*
bathroom with shower	łazienka z prysznicem *wazhenka z prishneetsem*
bed	łóżko *wuzhko*
bed and breakfast	*(hotel)* pensjonat *pensyonat*
cable television	kablówka *kablufka*
campsite	kemping *kempeeng*
caravan	przyczepa kempingowa *pshichepa kempeengova*
cottage	domek *domek*
double bed	podwójne łóżko *podvuyne wuzhko*
double room	pokój dwuosobowy *pokuy dvuosobovi*
en-suite bathroom	pokój z łazienką *pokuy z wazkenkon*
family room	apartament *apartament*
flat	mieszkanie *myeshkanye*
full-board	pełne wyżywienie *pewne vizhivyenye*
half-board	śniadania i obiadokolacje *shnyadanya ee obyadokolatsya*

hotel	hotel *hotel*
key	klucz *kluch*
rent	czynsz *chinsh*
self-catering	z własnym wyżywieniem *z vwasnim vizhivyenyem*
shower	prysznic *prishneets*
single bed	pojedyncze łóżko *poyedinche wuzhko*
single room	pokój jednoosobowy *pokuy yednoosobovi*
tenant	wynajmujący *vinaymuyonsi*
tent	namiot *namyot*
toilets	toalety *toaleti*
youth hostel	schronisko młodzieżowe *skroneesko mwojezhove*
to book	zarezerwować *zarezervovach*
to rent	wynająć *vinayonch*
to reserve	zarezerwować *zarezervovach*

Expressing yourself

I have a reservation
mam rezerwację
mam rezervatsye

the name's …
moje nazwisko …
moye nazveesko …

do you take credit cards?
czy można zapłacić kartą?
chi mozhna zapwacheech karton?

Understanding

brak wolnych miejsc	no vacancies
prywatny	private
recepcja	reception
toalety	toilets
wolne miejsca	vacancies

poproszę Pana/Pani paszport
could I see your passport, please?

proszę wypełnić ten formularz
could you fill in this form?

HOTELS

Expressing yourself

do you have any vacancies?
czy są wolne miejsca?
chi son volne myeystsa?

how much is a double room per night?
ile kosztuje pokój dwuosobowy za jedną noc?
eele koshtuye pokuy dvuosobovi za yednon nots?

I'd like to reserve a double room/a single room
chciałbym *(m)*/chciałabym *(f)* zarezerwować pokój dwuosobowy/
jednoosobowy
kchowbim/kchowabim zarezervovach pokuy dvuosobovi/yednoosobovi

for three nights
na trzy noce
na chi notse

would it be possible to stay an extra night?
czy można zostać na jeszcze jedną noc?
chi mozhna zostach na yeshche jednon nots?

do you have any rooms available for tonight?
czy są wolne pokoje na dzisiaj?
chi son volne pokoye na jeeshay?

do you have any family rooms?
czy macie Państwo apartamenty?
chi mache panstvo apartamenti?

would it be possible to add an extra bed?
czy można dostawić dodatkowe łóżko?
chi mozhna dostaveech dodatkove wuzhko?

could I see the room first?
czy można najpierw zobaczyć pokój?
chi mozhna naypyerf zobachich pokuj?

do you have anything bigger/quieter/smaller?
czy jest coś większego/cichszego/mniejszego?
chi yest tsosh vyenkshego/cheehshego/mnyeyshego?

that's fine, I'll take it
ok, wezmę ten pokój
okey, wezme ten pokuy

could you recommend any other hotels?
czy może Pan/Pani polecić inny hotel?
chi mozhe pan/panee polecheech eenni hotel?

is breakfast included?
czy śniadanie jest wliczone w cenę?
chi shnyadanye yest vleechone v tsene?

what time do you serve breakfast?
o której jest śniadanie?
o kturey yest shnyadanye?

is there a lift?
czy jest winda?
chi yest veenda?

is the hotel near the centre of town?
czy hotel jest daleko od centrum?
chi hotel yest daleko od tsentrum?

what time will the room be ready?
o której pokój będzie wolny?
o kturey pokuy benje volni?

the key for room ..., please
poproszę klucz do pokoju ...
poproshe kluch do pokoyu ...

the air conditioning isn't working
klimatyzacja nie działa
kleematizatsya nye jowa

Understanding

przykro mi, ale nie mamy wolnych miejsc
I'm sorry, but we're full

mamy tylko pokój jednoosobowy
we only have a single room available

na ile nocy?
how many nights is it for?

jak się Pan/Pani nazywa?
what's your name, please?

pokój jest wolny od dwunastej
check-in is from midday

musi Pan/Pani opuścić pokój przed jedenastą
you have to check out before 11am

śniadanie jest podawane w restauracji od siódmej trzydzieści do dziewiątej
breakfast is served in the restaurant between 7.30 and 9.00

życzy Pan/Pani sobie gazetę rano?
would you like a newspaper in the morning?

pokój nie jest jeszcze gotowy
your room isn't ready yet

używał Pan/używała Pani minibaru?
have you used the minibar?

może Pan/Pani zostawić bagaż tutaj
you can leave your bags here

YOUTH HOSTELS

Expressing yourself

do you have space for two people for tonight?
czy ma Pan/Pani miejsce dla dwóch osób na dzisiejszą noc?
chi ma pan/panee myeystse dla dvuk osub na jeesheyshon nots?

we've booked two beds for three nights
zarezerwowaliśmy dwa łóżka na trzy noce
zarezervovaleeshmi dva wuzhka na chi notse

could I leave my backpack at reception?
czy mogę zostawić plecak na recepcji?
chi moge zostaweech pletsak na retseptsyee?

do you have somewhere we could leave our bikes?
czy moglibyśmy gdzieś zostawić rowery?
chi mogleebishmi gjesh zostaweech roveri?

I'll come back for it around 7 o'clock
wrócę po to około siódmej
wrutse po to okowo shudmey

there's no hot water
nie ma ciepłej wody
nye ma chepwey vodi

the sink's blocked
umywalka się zapchała
umivalka she zaphowa

Understanding

czy ma Pan/Pani kartę członkowską?
do you have a membership card?

dostaje Pan/Pani pościel
bed linen is provided

hostel jest otwarty od osiemnastej
the hostel reopens at 6pm

SELF-CATERING

Expressing yourself

we're looking for somewhere to rent near a town
szukamy czegoś do wynajęcia w pobliżu jakiegoś miasta
shukami chegosh do vinajencha w pobleezhu yakyegosh myasta

where do we pick up/leave the keys?
gdzie odbieramy/zostawiamy klucze?
gje odbyerami/zostavyami kluche?

is electricity included in the price?
czy prąd jest wliczony w cenę?
chi prond yest vleechoni v tsene?

are bed linen and towels provided?
czy pościel i ręczniki są wliczone w cenę?
chi poshchel ee renchneekee son vleechone v tsene?

is a car necessary?
czy potrzebny jest samochód?
chi pochebni yest samohud?

is there a pool?
czy macie Państwo basen?
chi mache panstvo basen?

is the accommodation suitable for elderly people?
czy to miejsce jest odpowiednie dla starszych osób?
chi to myeytse yest odpovyednye dla starshik osub?

where is the nearest supermarket?
gdzie jest najbliższy supermarket?
gje yest naybleezhshi supermarket?

Understanding

proszę posprzątać zanim się Państwo wyprowadzą
please leave the house clean and tidy after you leave

dom jest całkowicie umeblowany
the house is fully furnished

wszystko jest wliczone w cenę
everything is included in the price

w tej części kraju niezbędny jest samochód
you really need a car in this part of the country

CAMPING

Expressing yourself

is there a campsite near here?
czy jest w pobliżu kemping?
chi yest v pobleezhu kemping?

I'd like to book a space for a two-person tent for three nights
chciałbym *(m)*/chciałabym *(f)* zarezerwować miejsce na namiot
dwuosobowy na trzy noce
*kchowbim/kchowabim zarezervovach myeytse na namyot dvuosobovi na chi
notse*

how much is it a night?
ile kosztuje jedna noc?
eele koshtuye yedna nots?

where is the shower block?
gdzie są prysznice?
gje son prishneetse?

can we pay, please? we were at space …
czy możemy zapłacić? nasz namiot stał na miejscu numer …
chi mozhemi zapwacheech? nash namyot stow na myeystsu numer …

Understanding

… złotych za osobę za noc
it's … zlotys per person per night

jeśli czegoś Państwo potrzebują, proszę pytać
if you need anything, just ask

EATING AND DRINKING 🍴

(i)

A Polish breakfast (**śniadanie**) is usually quite varied and substantial. Traditionally, lunch is just a sandwich or salad, the main meal (**obiad**) being eaten between 4 and 6pm. A light supper (**kolacja**) is eaten later on. There is a wide choice of small restaurants which also serve food to take away, as well as the many restaurants specializing in Polish or international cuisine (pizzerias are particularly popular).

A typical **obiad** consists of a starter (**pierwsze danie**, usually soup), a main course (**drugie danie**) and a dessert served with tea or coffee. It is not advisable to drink the tap water, so if you order water it will be bottled. You may have to pay extra for bread. Service is included, but it is considered polite to leave a tip.

You can drink in cafés (**kawiarnia**), pubs and clubs, and the legal drinking age is 18. Most bars are open from 11am or noon until 1 or 2 in the morning.

The most popular drinks are beer and pure or flavoured vodka, such as the famous **Żubrówka** made with bison grass. Lesser known drinks worth trying include **miód pitny**, a honey wine or mead, and mulled beer (**piwo grzane**). The main Polish beers are **Żywiec**, **Lech**, **Tyskie** and **Okocim**. Fruit juices (**sok owocowy**) are rarely freshly squeezed.

The basics

beer	piwo *peevo*
bill	rachunek *rahunek*
black coffee	czarna kawa *charna kava*
bottle	butelka *butelka*
bread	chleb *hleb*
breakfast	śniadanie *shnyadanye*
coffee	kawa *kava*
Coke®	Cola *kola*
dessert	deser *deser*
dinner	kolacja *kolatsya*

fruit juice	sok owocowy *sok ovotsovi*
lemonade	lemoniada *lemonyada*
lunch	lunch *lunch*
main course	drugie danie *drugye danye*
menu	menu *menee*
mineral water	woda mineralna *voda mineralna*
red wine	wino czerwone *vino chervone*
rosé wine	wino różowe *vino ruzhove*
salad	sałatka *sowatka*
sandwich	kanapka *kanapka*
service	obsługa *obswuga*
sparkling	*(water)* gazowana *gazovana; (wine)* musujące *musuyontse*
starter	przystawka *pshistafka*
still	*(water)* niegazowana *nyegazovana*
tea	herbata *herbata*
tip	napiwek *napeevek*
water	woda *voda*
white coffee	kawa z mlekiem *kava z mlekyem*
white wine	wino białe *vino byowe*
wine	wino *vino*
wine list	karta win *karta veen*
to eat	jeść *yeshch*
to have breakfast	jeść śniadanie *yeshch shnyadanye*
to have dinner	jeść kolację *yeshch kolatsye*
to have lunch	jeść obiad *yeshch obyad*
to order	zamówić *zamuveech*

Expressing yourself

shall we go and have something to eat?
może byśmy poszli coś zjeść?
mozhe bishmi poshlee tsosh zyeshch?

do you want to go for a drink?
masz ochotę pójść na drinka?
mash ohote puyshch na dreenka?

can you recommend a good restaurant?
czy może Pan/Pani polecić dobrą restaurację?
chi mozhe pan/panee polecheech dobron restowratsye?

I'm not very hungry
nie jestem głodny
nye yestem gwodni

excuse me! *(to call the waiter)*
przepraszam!
psheprasham!

cheers!
na zdrowie!
na zdrovye!

that was lovely
to było pyszne
to biwo pishne

could you bring us an ashtray, please?
czy mogę poprosić o popielniczkę?
chi moge poprosheech o popyelneechke?

where are the toilets, please?
przepraszam, gdzie są toalety?
psheprasham, gje son toaleti?

Understanding

na wynos   takeaway
samoobsługa   self-service

przykro mi, nie obsługujemy po 23
I'm sorry, we stop serving at 11pm

RESERVING A TABLE

Expressing yourself

I'd like to reserve a table for tomorrow evening
chciałbym *(m)*/chciałabym *(f)* zarezerwować stolik na jutro wieczór
kchowbim/kchowabim zarezervovach stoleek na yutro vyechur

for two people
dla dwóch osób
dla dvuk osub

around 8 o'clock
około ósmej wieczorem
okowo usmey vyechorem

do you have a table available any earlier than that?
czy jest wolny stolik wcześniej?
*chi yest **vol**ni **sto**leek **vchesh**nyey?*

I've reserved a table – the name's …
mam rezerwację na nazwisko …
*mam rezer**vat**sye na naz**vee**sko …*

Understanding

rezerwacja   reserved

na którą godzinę?
for what time?

na ile osób?
for how many people?

na jakie nazwisko?
what's the name?

dla palących czy niepalących?
smoking or non-smoking?

czy ma Pan/Pani rezerwację?
do you have a reservation?

czy stolik w kącie odpowiada Panu/Pani?
is this table in the corner OK for you?

obawiam się, że nie mamy wolnych miejsc
I'm afraid we're full at the moment

ORDERING FOOD

Expressing yourself

yes, we're ready to order
tak, możemy zamówić
*tak, **mo**zhemi za**mu**veech*

no, could you give us a few more minutes?
czy może nam Pan/Pani dać kilka minut?
chi mozhe nam pan/panee dach kilka meenut?

I'd like …
chciałbym *(m)*/chciałabym *(f)* …
kchowbim/kchowabim …

could I have …?
chciałbym *(m)*/chciałabym *(f)* …
kchowbim/kchowabim …

could you tell me what "bigos" is?
co to jest bigos?
tso to yest beegos?

I'll have that
poproszę
poproshe

does it come with vegetables?
czy do tego jest sałatka?
chi do tego yest sowatka?

what are today's specials?
jakie są dania dnia?
yakye son danya dnya?

what desserts do you have?
jakie są desery?
yakye son deseri?

I'm allergic to nuts/wheat/seafood/citrus fruit
Mam uczulenie na orzechy/pszenicę/owoce morza/owoce cytrusowe
mam uchulenye na ozhehi/psheneetse/ovotse mozha/ovotse tsitrusove

some water, please
poproszę wodę
poproshe vode

a bottle of red/white wine
butelkę czerwonego/białego wina
butelke chervonego/byowego vina

that's for me
to dla mnie
to dla mnye

this isn't what I ordered, I wanted …
to nie jest to, co zamówiłem *(m)*/zamówiłam *(f)*, chciałem *(m)*/chciałam
(f) …
to nye yest to tso zamuveewem/zamuveewam, kchowem/kchowam …

could we have some more bread, please?
czy możemy poprosić o więcej chleba?
chi mozhemi poprosheech o vyentsey hleba?

could you bring us another jug of water, please?
czy możemy poprosić o dzbanek wody?
chi mozhemi poprosheech o dzbanek vodi?

Understanding

mogę przyjąć zamówienie?
are you ready to order?

wrócę za kilka minut
I'll come back in a few minutes

przykro mi, nie mamy już …
I'm sorry, we don't have any … left

czego się Państwo napiją?
what would you like to drink?

mają Państwo ochotę na deser albo kawę?
would you like dessert or coffee?

czy smakowało Państwu?
was everything OK?

BARS AND CAFÉS

Expressing yourself

I'd like …
chciałbym *(m)*/chciałabym *(f)* …
kchowbim/kchowabim …

a Coke®/a diet Coke®
Colę/Colę Light
kole/kole layt

a glass of white/red wine
kieliszek białego/czerwonego wina
kyeleeshek byowego/chervonego vina

a black/white coffee
kawę czarną/z mlekiem
kave charnon/z mlekyem

a cup of tea
herbatę
herbate

a cup of hot chocolate
gorącą czekoladę
gorontson chekolade

the same again, please
poproszę jeszcze raz to samo
poproshe yeshche raz to samo

Understanding

bezalkoholowy
non-alcoholic

czego sobie Państwo życzą?
what would you like?

to jest sala dla niepalących
this is the non-smoking area

czy może Pan/Pani zapłacić teraz?
could I ask you to pay now, please?

> **Some informal expressions**
>
> **mam kaca** I have a hangover
> **upił się!** he's drunk!

THE BILL

Expressing yourself

the bill, please
poproszę rachunek
poproshe rahunek

how much do I owe you?
ile płacę?
eele pwatse?

do you take credit cards?
można zapłacić kartą?
mozhna zapwacheech karton?

I think there's a mistake in the bill
wydaje mi się, że w rachunku jest błąd
vidaye mee she zhe v rahunku yest bwont

is service included?
czy obsługa jest wliczona w rachunek?
chi obswuga yest vleechona v rahunek?

Understanding

płacicie Państwo razem?
are you paying together?

tak, obsługa jest wliczona
yes, service is included

FOOD AND DRINK ♟♟

ⓘ

Restaurants serving traditional Polish food have signs saying **kuchnia polska** or **kuchnia staropolska**. Polish dishes tend to be based around pork, cabbage and potatoes. Do not expect to see fruit or cheese on the dessert menu: fruit is only eaten as a snack and cheese is mainly used for sandwiches. There are some good fish restaurants, particularly in coastal areas and in Mazury. Menus almost always have English translations, particularly in tourist areas.

Breakfast is quite substantial, and includes cold meats (**wędlina**), tomatoes, Swiss-style cheese and/or eggs cooked in various ways. You will also be offered bread with butter and sometimes jam (**dżem**). The usual selection of hot drinks is available (tea, coffee, hot chocolate).

At lunchtime, Poles usually just have a sandwich or a salad, but some restaurants offer a two-course set menu (**zestawy**). The main course is usually meat or fish served with potatoes and mixed vegetables.

The basics

dobrze wysmażony	well done *(meat)*
duszony	stewed
gotowany	boiled
gotowany na parze	steamed
grilowany	grilled
grzane	mulled
krojony	sliced
krwisty	rare *(meat)*
nadziewany	stuffed
na zimno/gorąco	served cold/hot
ostry	spicy
panierowany	breadcrumbed
pieczony	roast; baked
podsmażony	fried
półkrwisty	medium rare *(meat)*

smażony	fried
średniowysmażony	medium *(meat)*
suszony	dried
świeży	fresh
topiony	melted; processed *(cheese)*
wędzony	smoked
w sosie	in sauce
z rożna	spit-roast

◆ śniadanie breakfast

biały ser	cottage cheese
bułka	roll
chleb	bread
dżem	jam
jajecznica	scrambled eggs
jajka sadzone	fried eggs
jajko na miękko	soft-boiled egg
jajko na twardo	hard-boiled egg
kaszanka	black pudding with buckwheat
kiełbasa	smoked sausage
masło	butter
oscypek	smoked ewe's milk cheese
parówki	frankfurters
pomidor	tomato
ser żółty	Swiss cheese
szynka	ham
wędlina	cold meats

◆ przekąski gorące hot snacks

bigos	sauerkraut with meat and sausage
fasolka po bretońsku	haricot beans and chopped smoked meat in tomato sauce
kurczak z rożna	spit-roasted chicken
naleśniki z serem	pancakes filled with sweetened cottage cheese, served with sugar and sour cream
pierogi leniwe	dumplings made with mashed potato, flour and cottage cheese, served with

	sugar and melted butter
pierogi ruskie	ravioli filled with potato and cottage cheese
pierogi z jagodami	ravioli filled with blueberries, served with sugar and sour cream
pierogi z kapustą i grzybami	ravioli filled with sauerkraut and wild mushrooms
pierogi z mięsem	ravioli filled with minced meat
pierogi z serem	ravioli filled with sweetened cottage cheese, served with sugar and sour cream
placki ziemniaczane	potato pancakes (sometimes served with sugar and sour cream)
zapiekanka	baguette baked with cheese and mushrooms

◆ przekąski zimne/przystawki cold snacks/starters

chleb ze smalcem	bread and pork dripping
kiełbasa	smoked sausage
nóżki	jellied pig's trotters
pasztet	pâté
sałatka jarzynowa	vegetable salad
śledź w oleju	herring in oil
śledź w śmietanie	herring in sour cream
talerz wędlin	plate of cold meats

◆ zupy soups

barszcz czerwony	beetroot soup (often served with a puff pastry roll)
chłodnik	cold beetroot soup
flaki	tripe soup
grochówka	pea soup with meat
kapuśniak	sauerkraut soup
rosół	clear broth containing pasta or rice
zupa grzybowa	wild mushroom soup
zupa ogórkowa	pickled cucumber soup
zupa pieczarkowa	mushroom soup
zupa pomidorowa	tomato soup

| żurek | sour rye soup with smoked sausage and egg |

◆ dania główne main courses

befsztyk	steak
gołąbki	cabbage leaves stuffed with meat, served in tomato sauce
golonka	pork knuckle
kaczka pieczona z jabłkami	roast duck with apples
kotlet mielony	minced meat cutlet in breadcrumbs
kotlet schabowy	pork fillet in breadcrumbs
kotlet z kurczaka	chicken escalope in breadcrumbs
kurczak pieczony	roast chicken
pieczeń wołowa	sliced roast beef in sauce
placek po zbójnicku/po węgiersku	potato pancake served with goulash
stek	steak
żeberka	ribs (usually pork)
zrazy zawijane	stuffed beef roulade

◆ dodatki side dishes

buraczki	beetroot purée
frytki	chips
kapusta z grzybami	sauerkraut with mushrooms
kasza gryczana	buckwheat
kopytka	dumplings made from mashed potato, flour and egg
mizeria	cucumber salad with sour cream
ogórki kiszone	preserved, salted cucumbers
ogórki konserwowe	pickled cucumbers
pyzy	potato dumplings
ryż	rice
sałata	lettuce
surówka z białej/czerwonej kapusty	white/red cabbage salad
surówka z marchewki	carrot salad
zestaw surówek	selection of salads
ziemniaki pieczone	roast potatoes

| ziemniaki z wody/gotowane | boiled potatoes |
| | |

◆ desery desserts

babka drożdżowa	iced yeast cake
faworki	fried puff pastry strips sprinkled with sugar
lody waniliowe/czekoladowe/ owocowe	vanilla/chocolate/fruit ice cream
makowiec	poppyseed cake
sernik	baked cheesecake
szarlotka	apple cake

◆ napoje zimne i gorące hot and cold drinks

drink	juice or a soft drink with alcohol added
herbata	tea
kawa	coffee
kawa rozpuszczalna	instant coffee
kawa sypana/po turecku	coffee made with the grounds in the cup
kompot	cold, sweet drink made from stewed fruit
likier	liqueur
piwo ciemne	dark beer
piwo jasne	light beer
piwo z sokiem	beer with fruit syrup
piwo/wino grzane	mulled beer/wine
sok	juice
wino białe	white wine
wino czerwone	red wine
woda mineralna gazowana	sparkling mineral water
woda mineralna niegazowana	still mineral water
wódka	vodka

GLOSSARY OF FOOD AND DRINK

arbuz watermelon
babka drożdżowa iced yeast cake

bagietka baguette
banan banana

barszcz czerwony beetroot soup (often served with a puff pastry roll)

barszcz szczawiowy sorrel soup

befsztyk steak

biały ser cottage cheese

bigos sauerkraut with meat and sausage

bita śmietana whipped cream

boczek bacon

brokuły broccoli

bułka roll

buraczki beetroot purée

buraki beetroot

cebula onion

chipsy crisps

chleb bread

chleb razowy wholemeal bread

chleb ze smalcem bread and pork dripping

chłodnik cold beetroot soup

chrzan horseradish

ciastko cake

cielęcina veal

cukier sugar

cukinie courgettes

cykoria chicory

cytryna lemon

czekolada chocolate

czereśnie cherries

ćwikła puréed beetroot with horseradish

dorsz cod

drink juice or a soft drink with alcohol added

drożdżówka sweet yeast roll filled with fruit or cream

drób poultry

dziczyzna game

dzik wild boar

dżem jam

fasolka beans

fasolka po bretońsku haricot beans and chopped smoked meat in tomato sauce

fasolka szparagowa French beans

faworki fried puff pastry strips sprinkled with sugar

flaki tripe soup

frytki chips

golonka pork knuckle

gołąbki cabbage leaves stuffed with meat, served in tomato sauce

grejpfrut grapefruit

grochówka pea soup with meat

groszek peas

gruszka pear

grzyby wild mushrooms

herbata tea

indyk turkey

jabłko apple

jagody blueberries

jagodzianka sweet roll filled with blueberries

jajecznica scrambled eggs

jajka sadzone fried eggs

jajko egg

jajko na miękko soft-boiled egg

jajko na twardo hard-boiled egg

kabanos thin smoked sausage

kaczka pieczona z jabłkami roast duck with apples

kalafior cauliflower

kapusta biała/czerwona white/red cabbage

kapusta z grzybami sauerkraut with mushrooms

kapuśniak sauerkraut soup
karp carp
kasza gryczana buckwheat
kaszanka black pudding with buckwheat
kawa coffee
kawa rozpuszczalna instant coffee
kawa sypana/po turecku coffee made with the grounds in the cup
keczup ketchup
kiełbasa smoked sausage
kompot cold sweet drink made from stewed fruit
koper dill
kopytka dumplings made from mashed potato, flour and egg
kotlet mielony minced meat cutlet in breadcrumbs
kotlet schabowy pork fillet in breadcrumbs
kotlet z kurczaka chicken escalope in breadcrumbs
kurczak pieczony roast chicken
kurczak z rożna spit-roasted chicken
likier liqueur
lody ice cream
łosoś salmon
majonez mayonnaise
makowiec poppyseed cake
maliny raspberries
mandarynka mandarin
marchewka carrot
masło butter
maślanka buttermilk
mięso meat
mintaj mintai (a type of cod found in the Baltic)

mizeria cucumber salad with sour cream
mleko milk
morele apricots
musztarda mustard
naleśniki z serem pancakes filled with sweetened cottage cheese, served with sugar and sour cream
nóżki jellied pig's trotters
ogórek cucumber
ogórki kiszone preserved, salted cucumbers
ogórki konserwowe pickled cucumbers
orzechy laskowe hazelnuts
orzechy włoskie walnuts
orzeszki ziemne peanuts
oscypek smoked ewe's milk cheese
owoce fruit
papryka pepper *(vegetable)*; paprika
parówki frankfurters
pasztet pâté
pączek doughnut
pieczarki mushrooms
pieczeń roast meat
pieczeń wołowa sliced roast beef in sauce
pieczywo bread
pieprz pepper *(spice)*
piernik gingerbread
pierogi leniwe dumplings made with mashed potato, flour and cottage cheese, served with sugar and melted butter
pierogi ruskie ravioli filled with potato and cottage cheese
pierogi z jagodami ravioli filled

with blueberries, served with sugar and sour cream

pierogi z kapustą i grzybami ravioli filled with pickled cabbage and mushrooms

pierogi z mięsem ravioli filled with minced meat

pierogi z serem ravioli filled with sweetened cottage cheese, served with sugar and sour cream

pietruszka parsley

piwo butelkowe bottled beer

piwo ciemne dark beer

piwo jasne light beer

piwo z beczki draught beer

piwo z sokiem beer with fruit syrup

piwo grzane mulled beer

placek po zbójnicku/po węgiersku potato pancake served with goulash

placki ziemniaczane potato pancakes (sometimes served with sugar and sour cream)

podudzie z kurczaka chicken drumsticks

polędwica tenderloin

pomarańcza orange

pomidor tomato

por leek

porzeczki czarne blackcurrants

porzeczki czerwone redcurrants

przekąski gorące hot snacks

przekąski zimne cold snacks

przyprawy seasoning

pstrąg trout

puree purée

pyzy potato dumplings

rogalik croissant

rosół clear broth containing pasta or rice

rostbef roast beef *(rump)*

rum rum

ryba fish

ryż rice

sałata lettuce

sałatka jarzynowa vegetable salad

sandacz perch

schab loin of pork

seler celery (usually root)

ser cheese

ser żółty Swiss cheese

serek fromage frais

sernik baked cheesecake

skrzydełka wings

sok juice

sól salt

stek steak

surówka z białej/czerwonej kapusty white/red cabbage salad

surówka z marchewki carrot salad

szarlotka apple cake

szaszłyk shish kebab

szczupak pike

sznycel cutlet

szpinak spinach

szprotki sprats

szynka ham

śledź herring

śledź w oleju herring in oil

śledź w śmietanie herring in sour cream

śliwki plums (or sometimes prunes)

śliwki suszone prunes

śmietana sour cream

truskawki strawberries

twaróg creamed cottage cheese

udka thighs
warzywa vegetables
wątróbka drobiowa/wieprzowa
  chicken/pork liver
wędlina cold meats
węgorz eel
wieprzowina pork
wino białe white wine
wino czerwone red wine
winogrona grapes
wino grzane mulled wine
woda mineralna gazowana
  sparkling mineral water

woda mineralna niegazowana
  still mineral water
wołowina beef
wódka vodka
zestaw surówek selection of salads
zielona pietruszka parsley
ziemniaki potatoes
ziemniaki pieczone roast potatoes
ziemniaki z wody/gotowane
  boiled potatoes
zupa soup
żeberka ribs

FOOD AND DRINK

GOING OUT

ⓘ

You can find out about what's on (shows, concerts, films, exhibitions, clubs etc) in **Informator Kulturalny** magazine (**WIK** in Warsaw). Most big cities have a multiplex cinema.

When invited to someone's house, it is considered polite to bring something to eat or drink. Saints' days are important in Poland, and people named after a particular saint like to celebrate their "name day" (**imieniny**). If you are invited to one of these celebrations, you should bring a more personal gift (usually flowers for women, and something alcoholic for men). Ideas of punctuality are similar to ours: it would be acceptable to arrive about 20 minutes late when invited to someone's house, but not if you are going out to meet somebody one-to-one.

Bars and clubs stay open until late. Most clubs charge an entrance fee.

The basics

ballet	balet *balet*
band	zespół *zespuw*
bar	bar *bar*
cinema	kino *kino*
circus	cyrk *tsirk*
classical music	muzyka klasyczna *muzika klasichna*
club	klub *klub*
concert	koncert *kontsert*
dubbed film	film dubbingowany *feelm dubbingovani*
festival	festiwal *festival*
film	film *feelm*
folk music	muzyka ludowa *muzika ludova*
group	grupa *grupa*
jazz	jazz *jez*
modern dance	taniec nowoczesny *tanyets novochesni*
musical	musical *muzeekal*

opera	opera *opera*
party	impreza *impreza*
play	sztuka *shtuka*
pop music	muzyka pop *muzika pop*
rock music	muzyka rockowa *muzika rokova*
show	przedstawienie *pshedstavyenye*
subtitled film	film z napisami *feelm z napisamee*
theatre	teatr *teatr*
ticket	bilet *beelet*
to book	zarezerwować *zarezervovach*
to go out	wychodzić *vihojeech*

SUGGESTIONS AND INVITATIONS

Expressing yourself

where can we go?
dokąd możemy pójść?
dokont mozhemi puyshch?

what do you want to do?
co chcesz robić?
tso ktsesh robeech?

shall we go for a drink?
może pójdziemy na drinka?
mozhe puyjemi na drinka?

what are you doing tonight?
co robisz dziś wieczorem?
tso robeesh jeesh vyechorem?

do you have plans?
masz jakieś plany?
mash yakyesh plani?

would you like to …?
chciałbyś (m)/chciałabyś (f) …?
kchowbish/kchowabish …

we were thinking of going to …
myśleliśmy, żeby pójść do …
myshlelishmi zheby puyshch do …

I can't today, but maybe some other time
dzisiaj nie mogę, ale może innym razem
jeeshay nye moge, ale mozhe innim razem

I'd love to
z przyjemnością
z pshiyemnoshchon

ARRANGING TO MEET

Expressing yourself

what time shall we meet?
o której się spotykamy?
o kturey she spotikami?

where shall we meet?
gdzie się spotykamy?
gje she spotikami?

would it be possible to meet a bit later?
czy możemy się spotkać trochę później?
chi mozhemi she spotkach trohe puzhnyey?

I have to meet … at nine
mam spotkanie z … o dziewiątej
mam spotkanye z … o jevyontey

I don't know where it is but I'll find it on the map
nie wiem gdzie to jest, ale znajdę na mapie
nye vyem gje to yest, ale znayde na mapye

see you tomorrow night
do zobaczenia jutro wieczorem
do zobachenya yutro vyechorem

I'll meet you later, I have to stop by the hotel first
spotkamy się później, najpierw muszę zajrzeć do hotelu
spotkami she puzhnyey, naypyerf musze zayzhech do hotelu

I'll call/text you, if there's a change of plan
zadzwonię/napiszę ci smsa, jeśli zmienimy plany
zadzvonye/napeeshe chee esemesa, jeshlee zmyeneemi plani

are you going to eat beforehand?
będziesz coś wcześniej jeść?
benjesh tsosh fcheshnyey yeshch?

sorry I'm late
przepraszam za spóźnienie
psheprasham za spuzhnyenye

Understanding

odpowiada ci to?
is that OK with you?

przyjadę po ciebie około 8
I'll come and pick you up about 8

spotkamy się na miejscu
I'll meet you there

możemy się spotkać przed …
we can meet outside …

dam ci swój numer, możesz zadzwonić jutro
I'll give you my number and you can call me tomorrow

FILMS, SHOWS AND CONCERTS

Expressing yourself

is there a guide to cinemas and theatres?
czy jest program kin i teatrów?
chi yest program keen i teatruf?

I'd like three tickets for …
chciałbym *(m)*/chciałabym *(f)* trzy bilety na …
kchowbim/kchowabim chi beeleti na …

two tickets, please
poproszę dwa bilety
poproshe dva beeleti

it's called …
to się nazywa …
to she naziva …

I've seen the trailer
widziałem *(m)*/widziałam *(f)* zwiastun
veejowem/veejowam zvyastun

what time does it start?
o której się zaczyna?
o kturey she zachina?

I'd like to go and see a show
chciałbym (m)/chciałabym (f) zobaczyć jakieś przedstawienie
kchowbim/kchowabim zobachich yakyesh pshedstavyenye

I'll find out whether there are still tickets available
sprawdzę, czy są jeszcze bilety
spravdze chi son jeshche beeleti

do we need to book in advance?
czy musimy robić rezerwację?
chi musheemy robeech rezervatsye?

how long is it on for?
jak długo to grają?
yak dwugo to grayon?

are there tickets for another day?
czy są bilety na inny dzień?
chi son beeleti na inni jen?

I'd like to go to a bar with some live music
chciałbym (m)/chciałabym (f) pójść do baru z muzyką na żywo
kchowbim/kchowabim puyshch do baru z muzikon na zhivo

are there any free concerts?
czy są jakieś bezpłatne koncerty?
chi son yakyesh bezpwatne kontserti?

what sort of music is it?
jaka to muzyka?
yaka to muzika?

Understanding

hit	blockbuster
kasa biletowa	box office
kino studyjne	arthouse cinema
rezerwacje	bookings
seans popołudniowy	matinée

to koncert na powietrzu
it's an open-air concert

ma bardzo dobre recenzje
it's had very good reviews

wchodzi na ekrany za tydzień
it comes out next week

grają go o 8 w Multikinie
it's on at 8pm at the Multikino

nie ma już biletów
that showing's sold out

wszystko jest zarezerwowane do …
it's all booked up until …

nie trzeba robić rezerwacji
there's no need to book in advance

sztuka trwa półtorej godziny, razem z przerwą
the play lasts an hour and a half, including the interval

proszę wyłączyć telefony komórkowe
please turn off your mobile phones

PARTIES AND CLUBS

Expressing yourself

I'm having a little leaving party tonight
mam dziś małą imprezkę pożegnalną
mam jeesh mowon imprezke pozhegnalnon

should I bring something to drink?
mam przynieść coś do picia?
mam pshinyeshch tsosh do peecha?

we could go to a club afterwards
możemy później pójść do klubu
mozhemi puzhnyey puyshch do klubu

do you have to pay to get in?
czy trzeba płacić za wejście?
chi cheba pwacheech za veyshche?

I have to meet someone inside
muszę spotkać się z kimś w środku
mushe spotkach she z keemsh v shrodku

will you let me back in when I come back?
wpuści mnie Pan/Pani jak wrócę?
fpushchee mnye pan/panee yak vrutse?

the DJ's really cool
DJ jest super
deejey yest super

do you come here often?
często tu przychodzisz?
chensto tu pshihojeesh?

can I buy you a drink?
mogę postawić ci drinka?
moge postaveech chee drinka?

thanks, but I'm with my boyfriend
dzięki, ale jestem z moim chłopakiem
jenki, ale yestem z moyeem hwopakyem

no thanks, I don't smoke
dzięki, nie palę
jenki, nye pale

Understanding

bezpłatny drink	free drink
po północy 30 złotych	30 zlotys after midnight
szatnia	cloakroom

jest impreza u Ani
there's a party at Ania's place

chcesz zatańczyć?
do you want to dance?

mogę postawić ci drinka?
can I buy you a drink?

masz ogień?
have you got a light?

masz papierosa?
have you got a cigarette?

możemy się spotkać jeszcze raz?
can we see each other again?

mogę odprowadzić cię do domu?
can I see you home?

Some informal expressions

ale ubaw! it was a great laugh!
spiliśmy się na amen! we got blind drunk!

TOURISM AND SIGHTSEEING

(i)

Big cities and tourist areas all have a tourist information office (**Informacja Turystyczna**), open from 10am until 4 or 5pm (closed on Sundays). Hotels also have a supply of brochures and maps (not always free) and offer more personal recommendations. Local street maps are displayed at bus and tram stops, and in underground stations. More detailed guidebooks are available from bookshops. **PTTK** tourist information offices provide information on discovering the countryside.

Most museums are open from 10am to 4pm, and are generally closed on Mondays. Some museums offer free entry one day a week, but check in advance as this day varies from one museum to another.

The basics

ancient	starożytny *starozhitni*
antique	antyk *antik*
area	teren *teren*
castle	zamek *zamek*
cathedral	katedra *katedra*
century	wiek *vyek*
chapel	kaplica *kapleetsa*
church	kościół *koshchuw*
exhibition	wystawa *vistava*
gallery	galeria *galerya*
modern art	sztuka nowoczesna *shtuka novochesna*
museum	muzeum *muzeum*
painting	obraz *obraz*
park	park *park*
ruins	ruiny *rueeni*
sculpture	rzeźba *zhezhba*

statue	posąg *posong*
street map	plan miasta *plan myasta*
synagogue	synagoga *sinagoga*
tour guide	przewodnik *pshevodnik*
tourist	turysta *turista*
tourist information centre	biuro informacji turystycznej *byuro eenformatsyee turistichney*
town centre	centrum *tsentrum*

Expressing yourself

I'd like some information on …
chciałbym *(m)*/chciałabym *(f)* dowiedzieć się czegoś o …
kchowbim/kchowabim dovyejech she chegosh o …

can you tell me where the tourist information centre is?
czy może mi Pan/Pani powiedzieć gdzie jest biuro informacji turystycznej?
chi mozhe mee pan/panee povyejech gje yest byuro eenformatsyee turistichney?

do you have a street map of the town?
czy jest plan miasta?
chi yest plan myasta?

I was told there's an old monastery you can visit
mówiono mi, że jest tu stary klasztor, który można zwiedzać
muvyono mee zhe yest tu stari klashtor kturi mozhna zvyedzach

can you show me where it is on the map?
czy może mi to Pan/Pani pokazać na mapie?
chi mozhe mee to pan/panee pokazach na mapye?

how do you get there?
jak można się tam dostać?
yak mozhna she tam dostach?

is it free?
czy wstęp jest bezpłatny?
chi fstemp yest bezpwatni?

when was it built?
kiedy go zbudowano?
kyedi go zbudovano?

Understanding

gotycki	Gothic
inwazja	invasion
otwarte	open
prace restauratorskie	restoration work
remont	renovation
starówka	old town
średniowieczny	medieval
tu jesteś	you are here *(on a map)*
wojna	war
wstęp bezpłatny	admission free
wycieczka z przewodnikiem	guided tour
zamknięte	closed

trzeba zapytać na miejscu
you'll have to ask when you get there

następna wycieczka z przewodnikiem jest o 2
the next guided tour starts at 2 o'clock

MUSEUMS, EXHIBITIONS AND MONUMENTS

Expressing yourself

I've heard there's a very good … exhibition on at the moment
słyszałem *(m)*/słyszałam *(f)*, że w tej chwili jest świetna wystawa …
swishowem/swishowam, zhe v tey kfeelee yest shvyetna vistava …

how much is it to get in?
ile kosztuje wstęp?
eele koshtuye fstemp?

is this ticket valid for the exhibition as well?
czy ten bilet jest ważny także na wystawę?
chi ten beelet yest vazhni takzhe na vistave?

are there any discounts for students?
czy są ulgi dla studentów?
chi son ulgee dla studentuf?

is it open on Sundays?
czy jest otwarte w soboty?
chi yest otfarte v soboti?

two concessions and one full price, please
poproszę dwa ulgowe i jeden normalny
poproshe dva ulgove ee yeden normalni

I have a student card
mam legitymację studencką
mam legeetimatsye studentskon

Understanding

audio przewodnik	audioguide
cisza	silence, please
kasa biletowa	ticket office
kierunek zwiedzania	this way
no flash	no flash photography
proszę nie dotykać	please do not touch
wystawa tymczasowa	temporary exhibition
wystawa stała	permanent exhibition
zakaz fotografowania	no photography

wejście do muzeum kosztuje …
admission to the museum costs …

ten bilet jest także ważny na wystawę
this ticket also allows you access to the exhibition

czy ma Pan/Pani legitymację studencką?
do you have your student card?

GIVING YOUR IMPRESSIONS

Expressing yourself

it's beautiful
jest przepięknie
yest pshepyenknye

it was beautiful
było przepięknie
biwo pshepyenknye

it's fantastic
jest fantastycznie
yest fantastichnye

it was fantastic
było fantastycznie
biwo fantastichnye

I really enjoyed it
bardzo mi się podobało
bardzo mee she podobowo

I didn't like it that much
nie bardzo mi się podobało
nye bardzo mee she podobowo

it was a bit boring
było trochę nudno
biwo trohe nudno

I'm not really a fan of modern art
nie specjalnie lubię sztukę nowoczesną
nye spetsyalnye lubye shtuke novochesnon

it's expensive for what it is
na to co proponują, to jest trochę za drogo
na to tso proponuyon, to yest trohe za drogo

it's very touristy
to bardzo turystyczne
to bardzo turistichne

it was really crowded
było strasznie ciasno
biwo strashnye chasno

we didn't go in the end, the queue was too long
w końcu nie poszliśmy, kolejka była za długa
v kontsu nye poshleeshmi, koleyka biwa za dwuga

we didn't have time to see everything
nie mieliśmy czasu, żeby wszystko zobaczyć
nye myeleeshmi chasu zhebi fshistko zobachich

Understanding

malowniczy	picturesque
sławny	famous
tradycyjny	traditional
typowy	typical

naprawdę musisz zobaczyć …
you really must go and see …

polecam wizytę w …
I recommend going to …

stamtąd jest piękna panorama całego miasta
there's a wonderful view over the whole city

teraz jest tam zbyt turystycznie
it's become a bit too touristy

wybrzeże jest zupełnie zniszczone
the coast has been completely ruined

SPORTS AND GAMES

(i)

The most popular sport in Poland is football. Poles enjoy getting together with friends and watching the game at home with a beer. Volleyball, basketball, cycling, ski-jumping and motor racing are also popular. Holiday areas offer activities including skiing, horse riding, windsurfing, cycling and microlighting. Nature lovers should visit the local **PTTK** office for information on what to see and do.

In bad weather, the most popular indoor games are cards, chess and draughts.

The basics

ball	piłka *peewka*
basketball	koszykówka *koshikufka*
board game	gra planszowa *gra planshova*
cards	karty *karti*
chess	szachy *szahi*
cross-country skiing	narciarstwo biegowe *narcharstvo byegove*
cycling	kolarstwo *kolarstvo*
downhill skiing	narciarstwo zjazdowe *narcharstvo zyazdove*
football	futbol *futbol*, piłka nożna *peewka nozhna*
hiking path	szlak *shlak*
match	mecz *mech*
mountain biking	kolarstwo górskie *kolarstvo gurskye*
pool	(game) bilard *beelard*; (swimming pool) basen *basen*
skis	narty *narti*
snowboarding	snowboard *snobord*
sport	sport *sport*
surfing	surfing *surfeeng*
swimming	pływanie *pwivanye*
swimming pool	basen *basen*
table football	piłkarzyki *peewkazhikee*

tennis	tenis *tenees*
trip	wycieczka *vichechka*
volleyball	siatkówka *shatkufka*
to have a game of ...	zagrać w ... *zagrach v ...*
to play ...	grać w ... *grach v ...*

Expressing yourself

I'd like to hire ... for an hour
chciałbym *(m)*/chciałabym *(f)* wynająć ... na godzinę
kchowbim/kchowabim vinayonch ... na gojeene

are there lessons available?
czy można wziąć lekcje?
chi mozhna vzhonch lektsye?

how much is it per person per hour?
ile kosztuje godzina za osobę?
eele koshtuye gojeena za osobe?

I'm not very sporty
nie jestem zbyt dobry w sporcie
nye yestem zbit dobri v sporche

I've never done it before
nigdy wcześniej tego nie robiłem *(m)*/robiłam *(f)*
neegdi fcheshnyey tego nye robeewem/robeewam

I've done it once or twice, a long time ago
kiedyś próbowałem *(m)*/próbowałam *(f)*, ale to było dawno temu
kyedish prubovowem/prubovowam, ale to biwo davno temu

I'm exhausted!
jestem wykończony!
yestem vikonchoni!

I'd like to go and watch a football match
chciałbym *(m)*/chciałabym *(f)* zobaczyć mecz piłki nożnej
kchowbim/kchowabim zobachich mech peewkee nozhney

shall we stop for a picnic?
zrobimy przerwę na piknik?
zrobeemi psherve na peekneek?

we played …
graliśmy w …
graleeshmy v …

Understanding

do wynajęcia   for hire

**czy ma Pan/Pani jakieś doświadczenie czy jest Pan/Pani
  początkujący/początkująca?**
do you have any experience, or are you a complete beginner?

trzeba wpłacić kaucję w wysokości …
there is a deposit of …

ubezpieczenie jest obowiązkowe i kosztuje …
insurance is compulsory and costs …

HIKING

Expressing yourself

are there any hiking paths around here?
czy są tu jakieś szlaki?
chi son tu yakyesh shlakee?

can you recommend any good walks in the area?
czy może Pan/Pani polecić jakieś trasy spacerowe w okolicy?
chi mozhe pan/panee polecheech yakyesh trasi spatserove v okoleetsi?

I've heard there's a nice walk by the lake
słyszałem (m)/słyszałam (f), że można pójść na spacer nad jeziorem
swishowem/swishowam zhe mozhna puyshch na spatser nad yezhorem

we're looking for a short walk somewhere round here
szukamy krótkiej trasy spacerowej gdzieś w pobliżu
shukami krutkyey trasi spatserovey gjesh v pobleezhu

how long does the hike take?
ile czasu się idzie?
eele chasu she eeje?

is it very steep?
czy jest bardzo stromo?
chi yest bardzo stromo?

where's the start of the path?
gdzie jest początek trasy?
gje yest pochontek trasi?

is the path waymarked?
czy trasa jest oznakowana?
chi trasa yest oznakovana?

Understanding

średnia długość   average duration *(of walk)*

idzie się około trzech godzin, z przerwami na odpoczynek
it's about a three-hour walk including rest stops

proszę wziąć płaszcz przeciwdeszczowy i traperki
bring a waterproof jacket and some walking shoes

SKIING AND SNOWBOARDING

Expressing yourself

I'd like to hire skis, poles and boots
chciałbym *(m)*/chciałabym *(f)* wynająć narty, kijki i buty
kchowbim/kchowabim vinayonch narti, keeykee ee buti

I'd like to hire a snowboard
chciałbym *(m)*/chciałabym *(f)* wynająć deskę snowbordową
kchowbim/kchowabim vinayonch deske snobordovon

they're too big/small
są za duże/małe
son za duzhe/mowe

a day pass
bilet dzienny
beelet jenni

I'm a complete beginner
jestem zupełnie początkujący
yestem zupewnye pochontkuyontsy

orczyk	T-bar, button lift
ski pass	lift pass
wyciąg	ski lift
wyciąg krzesełkowy	chair lift

OTHER SPORTS

Expressing yourself

where can we hire bikes?
gdzie możemy wynająć rowery?
gje mozhemi vinayonch roveri?

are there any cycle paths?
czy są tu jakieś trasy rowerowe?
chi son tu yakyesh trasi roverove?

does anyone have a football?
czy ktoś ma piłkę do nogi?
chi ktosh ma peewke do nogee?

which team do you support?
komu kibicujesz?
komu keebeetsuyesh?

I support …
kibicuję …
keebeetsuye …

is there an open-air swimming pool anywhere here?
czy jest tu jakiś odkryty basen?
chi yest tu yakyesh odkriti basen?

I've never been diving before
nigdy wcześniej nie nurkowałem *(m)*/nurkowałam *(f)*
neegdi fcheshnyey nye nurkovowem/nurkovowam

I'd like to take beginners' sailing lessons
chciałbym *(m)*/chciałabym *(f)* wziąć lekcje żeglarstwa dla początkujących
kchowbim/kchowabim vzhonch lektsye zheglarstfa dla pochontkuyontsich

I run for half an hour every morning
codziennie biegam przez pół godziny
tsojennye byegam pshez puw gojeeni

what do I do if the kayak capsizes?
co mam zrobić jeśli kajak wywróci się do góry nogami?
tso mam zrobeech yeshlee kayak vivruchee she do guri nogamee?

Understanding

w pobliżu stacji jest kort tenisowy
there's a tennis court not far from the station

kort jest zajęty
the tennis court's occupied

czy pierwszy raz siedzi Pan/Pani na koniu?
is this the first time you've been horseriding?

umie Pan/Pani pływać?
can you swim?

gra Pan/Pani w kosza?
do you play basketball?

INDOOR GAMES

Expressing yourself

shall we have a game of cards?
zagramy w karty?
zagrami v karti?

does anyone know any good card games?
czy ktoś zna jakieś ciekawe gry?
chi ktosh zna yakyesh chekave gri?

is anyone up for a game of Monopoly®?
czy ktoś ma ochotę zagrać w Monopol®?
chi ktosh ma ohote zagrach v monopol?

it's your turn
twoja kolej
tvoya koley

Understanding

czy umie Pan/Pani grać w szachy?
do you know how to play chess?

czy ma Pan/Pani talię kart?
do you have a pack of cards?

SHOPPING

(i)

Food shops are open from 6 or 7am to 7 or 8pm Monday to Friday, closing earlier on Saturdays. The growing number of supermarkets and hypermarkets are generally open from 9am to 10pm Monday to Saturday, and from 10am to 8 or 9pm on Sundays. Some of them offer 24-hour opening. There are various big international chains including Tesco, Carrefour, Auchan and Géant. In cities there are also small 24-hour groceries.

Polish markets are more like huge bazaars than ordinary Western markets: the one in the **Dziesięciolecia** stadium in Warsaw is known as the biggest bazaar in Europe, if not the world. It is open daily from 7am until noon. Haggling is the norm.

Warsaw and most other cities have fruit and vegetable markets six days a week. In rural areas they are held once a week.

There is no official sales period in Poland but end of season sales in January and August are common.

Some informal expressions
ale okazja! what a bargain!
zdzierstwo! that's a rip-off!
to pół darmo! they're practically giving it away!

The basics

bakery	piekarnia *pyekarnya*
butcher's	sklep mięsny *sklep myensni*
cash desk	kasa *kasa*
cheap	tani *tanee*

checkout	kasa *kasa*
clothes	odzież *ojezh*
department store	dom towarowy *dom tovarovi*
expensive	drogi *drogee*
gram	gram *gram*
greengrocer's	warzywniak *vazhivnyak*
hypermarket	hipermarket *heepermarket*
kilo	kilo *keelo*
present	prezent *prezent*
price	cena *tsena*
receipt	paragon *paragon*
refund	zwrot *zvrot*
sale(s)	wyprzedaż *vipshedazh*
sales assistant	sprzedawca *spshedaftsa*
shop	sklep *sklep*
shopping centre	centrum handlowe *tsentrum handlove*
souvenir	pamiątka *pamyontka*
supermarket	supermarket *supermarket*
to buy	kupować *kupovach*
to cost	kosztować *koshtovach*
to pay	płacić *pwacheech*
to sell	sprzedawać *spshedavach*

Expressing yourself

is there a supermarket near here?
czy jest tu w pobliżu supermarket?
chi yest tu v pobleezhu supermarket?

where can I buy cigarettes?
gdzie mogę kupić papierosy?
gje moge kupeech papyerosi?

I'd like …
chciałbym *(m)*/chciałabym *(f)* …
kchowbim/kchowabim …

I'm looking for …
szukam …
shukam …

do you sell ...?
czy macie ...?
chi mache ...?

do you know where I might find some ...?
gdzie mogę znaleźć ...?
gje moge znaleshch ...?

can you order it for me?
czy może to Pan/Pani dla mnie zamówić?
chi mozhe to pan/panee dla mnye zamuveech?

how much is this?
ile to kosztuje?
eele to koshtuye?

I'll take it
poproszę
poproshe

I haven't got much money
nie mam za dużo pieniędzy
nye mam za duzho pyenyendzi

I haven't got enough money
zabraknie mi pieniędzy
zabraknye mee pyenyendzi

that's everything, thanks
to wszystko, dziękuję
to fshistko, jenkuye

can I have a (plastic) bag?
czy mogę prosić o (plastykową) torbę?
chi moge prosheech o (plastikovon) torbe?

I think you've made a mistake with my change
przepraszam, źle mi Pan wydał/Pani wydała
psheprasham, zhle mee pan vidow/panee vidowa

Understanding

niedziele zamknięte	closed Sundays
otwarte od ... do ...	open from ... to ...
specjalna oferta	special offer
wyprzedaż	sale(s)

coś jeszcze?
will there be anything else?

chciałby Pan/chciałaby Pani torbę?
would you like a bag?

PAYING

Expressing yourself

where do I pay?
gdzie się płaci?
gje she pwachee?

how much do I owe you?
ile płacę?
eele pwatse?

could you write it down for me, please?
czy może mi to Pan/Pani zapisać?
chi mozhe mee to pan/panee zapeesach?

can I pay by credit card?
czy mogę zapłacić kartą?
chi moge zapwacheech karton?

I'll pay in cash
zapłacę gotówką
zapwatse gotufkon

I'm sorry, I haven't got any change
przykro mi, ale nie mam drobnych
pshikro mee, ale nye mam drobnik

can I have a receipt?
mogę prosić o paragon?
moge prosheech o paragon?

Understanding

proszę płacić w kasie   pay at the cash desk

płaci Pan/Pani kartą czy gotówką?
would you like to pay by card or in cash?

czy ma Pan/Pani drobne?
do you have anything smaller?

czy ma Pan/Pani dowód tożsamości?
have you got any ID?

proszę tu podpisać
could you sign here, please?

FOOD

where can I buy food around here?
gdzie tu mogę kupić jedzenie?
gje tu moge kupeech yedzenye?

is there a market?
czy tu jest gdzieś targ?
chi tu yest gjesh targ?

is there a bakery around here?
czy jest tu gdzieś piekarnia?
chi yest tu gjesh pyekarnya?

I'm looking for cereal
szukam płatków śniadaniowych
shukam pwatkuf shnyadanyovik

I'd like five slices of ham
poproszę pięć plasterków szynki
poproshe pyench plasterkuf shinkee

I'd like some of that cheese
poproszę trochę tego sera
poproshe trohe tego sera

it's for four people
to dla czterech osób
to dla chterek osub

about 300 grams
około 30 deka
okowo 30 deka

a kilo of apples, please
poproszę kilo jabłek
poproshe keelo yabwek

a bit less/more
trochę mniej/więcej
trohe mnyey/vyentsey

can I taste it?
mogę spróbować?
moge sprubovach?

does it travel well?
czy można to przewozić?
chi mozhna to pshevozheech?

Understanding

ekologiczne	organic
delikatesy	delicatessen
domowe	homemade
należy spożyć przed …	best before …
potrawy regionalne	local specialities

targ jest codziennie, do pierwszej
there's a market every day until 1pm

na rogu jest spożywczy, który jest otwarty do późna
there's a grocer's just on the corner that's open late

CLOTHES

Expressing yourself

I'm looking for the menswear section
szukam działu męskiego
shukam jowu menskyego

no thanks, I'm just looking
dziękuję, tylko się rozglądam
jenkuye, tilko she rozglondam

can I try it on?
mogę to przymierzyć?
moge to pshimyezhich?

I'd like to try the one in the window
chciałbym *(m)*/chciałabym *(f)* przymierzyć tę z wystawy
kchowbim/kchowabim pshimyezhich te z vistavi

I take a size ... *(in shoes)*
noszę ...
noshe ...

where are the changing rooms?
gdzie są przymierzalnie?
gje son pshimyezhalnye?

it doesn't fit
nie pasuje
nye pasuye

it's too big/small
to jest za duże/małe
to yest za duzhe/mowe

do you have it in another colour?
czy są w innym kolorze?
chi son v innim kolozhe?

do you have it in a smaller/bigger size?
czy są mniejsze/większe?
chi son mnyeyshe/vyenkshe?

do you have them in red?
czy są czerwone?
chi son chervone?

yes, that's fine, I'll take them
tak, poproszę
tak, poproshe

no, I don't like it
nie, nie podoba mi się
nye, nye podoba mee she

I'll think about it
pomyślę o tym
pomishle o tim

I'd like to return this, it doesn't fit
chciałbym (m)/chciałabym (f) to zwrócić, nie pasuje
kchowbim/kchowabim to zvrucheech, nye pasuye

this … has a hole in it, can I get a refund?
ten … ma dziurę, czy mogę prosić o zwrot pieniędzy?
ten … ma jure, chi moge prosheech o zvrot pyenyendzi

Understanding

bielizna — lingerie
niedziele otwarte — open Sunday
odzież damska — ladieswear
odzież dziecięca — children's clothes
odzież męska — menswear
przymierzalnie — changing rooms

towary z wyprzedaży nie podlegają zwrotowi ani wymianie
sale items cannot be returned or exchanged

dzień dobry, w czym mogę pomóc?
hello, can I help you?

są tylko niebieskie i czarne
we only have it in blue or black

nie ma już tego rozmiaru
we don't have any left in that size

pasuje Panu/Pani
it suits you

dobrze leży
it's a good fit

może to Pan/Pani zwrócić, jeśli nie będzie pasować
you can bring it back if it doesn't fit

SOUVENIRS AND PRESENTS

Expressing yourself

I'm looking for a present to take home
szukam prezentu do domu
shukam prezentu do domu

I'd like something that's easy to transport
chciałbym *(m)*/chciałabym *(f)* coś łatwego do przewiezienia
kchowbim/kchowabim tsosh watfego do pshevyezhenya

it's for a little girl of four
to dla czteroletniej dziewczynki
to dla chteroletnyey jefchinkee

could you gift-wrap it for me?
czy może to Pan/Pani zapakować na prezent?
chi mozhe to pan/panee zapakovach na prezent?

Understanding

drewno/srebro/złoto/wełna	made of wood/silver/gold/wool
ręcznie robione	handmade
wyrób tradycyjny	traditionally made product

ile może Pan/Pani wydać?
how much do you want to spend?

czy to na prezent?
is it for a present?

to produkt typowy dla tego regionu
it's typical of the region

PHOTOS

(i)

Having photos developed is relatively cheap in Poland. Digital cameras are becoming increasingly common and you can get photos put on CD in most photo shops.

The basics

black and white	czarno-białe *charno-byowe*
camera	aparat *aparat*
CD	CD *seedee*
colour	kolor *kolor*
copy	kopia *kopya*
digital camera	aparat cyfrowy *aparat tsifrovi*
disposable camera	aparat jednorazowy *aparat yednorazovi*
exposure	klatka *klatka*; (duration) czas naświetlania *chas nashfyetlanya*
film	film *feelm*
flash	flesz *flesh*
glossy	błyszczący *bwishchontsi*
matte	matowy *matovi*
memory card	karta pamięci *karta pamyenchi*
negative	negatyw *negatif*
passport photo	zdjęcie paszportowe *zdyenche pashportove*
photo booth	budka fotograficzna *budka fotografichna*
reprint	reprint *repreent*
slide	slajd *slayd*
to get photos developed	wywołać zdjęcia *vivowach zdyencha*
to take a photo/photos	zrobić zdjęcie/zdjęcia *zrobeech zdyenche/zdyencha*

Expressing yourself

could you take a photo of us, please?
czy może Pan/Pani zrobić nam zdjęcie?
chi mozhe pan/panee zrobeech nam zdyenche

you just have to press this button
trzeba tylko nacisnąć ten przycisk
cheba tilko nacheesnonch ten pshicheesk

I'd like a 200 ASA colour film
poproszę film o czułości 200
poproshe feelm o chuwoshchee dvyeshche

do you have black and white films?
czy są filmy czarno-białe?
chi son feelmi charno byowe?

how much is it to develop a film of 36 photos?
ile kosztuje wywołanie 36 zdjęć?
eele koshtuye vivowanye chijeshchee sheshchu zdyench?

I'd like to have this film developed
chciałbym *(m)*/chciałabym *(f)* wywołać ten film
kchowbim/kchowabim vivowach ten feelm

I'd like extra copies of some of the photos
chciałbym *(m)*/chciałabym *(f)* zrobić dodatkowe kopie niektórych zdjęć
kchowbim/kchowabim zrobeech dodatkove kopye nyekturik zdyench

three copies of this one and two of this one
trzy kopie tego i dwie tego
chi kopye tego i dvye tego

can I print my digital photos here?
czy mogę tu wydrukować zdjęcia cyfrowe?
chi moge tu vidrukovach zdyencha tsifrove?

can you put these photos on a CD for me?
czy może Pan/Pani zapisać te zdjęcia na CD?
chi mozhe pan/panee zapeesach te zdyencha na seedee?

I've come to pick up my photos
chciałbym (m)/chciałabym (f) odebrać moje zdjęcia
kchowbim/kchowabim odebrach moye zdyencha

I've got a problem with my camera
mam problem z aparatem
mam problem z aparatem

I don't know what's wrong with it
nie wiem, co się stało
nye vyem tso she stowo

the flash doesn't work
flesz nie działa
flesh nye jowa

Understanding

standardowy format	standard format
usługa ekspresowa	express service
zdjęcia na CD	photos on CD
zdjęcia w 1 godzinę	photos developed in one hour

może bateria się wyczerpała
maybe the battery's dead

mamy sprzęt do drukowania zdjęć cyfrowych
we have a machine for printing digital photos

jak się Pan/Pani nazywa?
what's the name, please?

na kiedy mają być gotowe?
when do you want them for?

możemy je wywołać w godzinę
we can develop them in an hour

Pana/Pani zdjęcia będą gotowe w czwartek w południe
your photos will be ready on Thursday at noon

BANKS	

ⓘ

In cities and larger towns you will have no problem finding a cash machine (**bankomat**). Most banks are open Monday to Friday from 8am to 6pm, and some are open on Saturdays from 10am to 2 or 3 pm.

The Polish currency is the **złoty**. The official abbreviation is **PLN**, but you will usually see it written as **zł**.

Some informal expressions
dycha ten zlotys
kasa money
stówa a hundred zlotys

The basics

bank	bank *bank*
bank account	konto bankowe *konto bankove*
banknote	banknot *banknot*
bureau de change	kantor *kantor*
cashpoint	bankomat *bankomat*
change	reszta *reshta*
cheque	czek *chek*
coin	moneta *moneta*
commission	prowizja *proveezya*
credit card	karta kredytowa *karta kreditova*
PIN (number)	(numer) PIN *(numer) peen*
transfer	przelew *pshelef*
Travellers Cheques®	czeki podróżne *chekee podruzhne*
withdrawal	wyjęcie pieniędzy *viyenche pyenyendzi*
to change	wymienić *vimyenych*
to transfer	przelewać *pshelevach*
to withdraw	wyjmować *viymovach*

€

Expressing yourself

where I can get some money changed?
gdzie mogę wymienić pieniądze?
gje moge vimyeneech pyenyondze?

are banks open on Saturdays?
czy banki są otwarte w soboty?
chi banki son otvarte v soboti?

I'm looking for a cashpoint
szukam bankomatu
shukam bankomatu

I'd like to change £100
chciałbym (m)/chciałabym (f) wymienić 100 funtów
kchowbim/kchowabim vimyeneech sto funtuf

what commission do you charge?
jaką macie prowizję?
yakon mache proveezye?

I'd like to transfer some money
chciałbym (m)/chciałabym (f) zrobić przelew
kchowbim/kchowabim zrobeech pshelef

I'd like to report the loss of my credit card
chciałbym (m)/chciałabym (f) zgłosić utratę karty kredytowej
kchowbim/kchowabim zgwosheech utrate karti kreditovey

the cashpoint has swallowed my card
bankomat zatrzymał moją kartę
bankomat zachimow moyon karte

Understanding

proszę włożyć kartę
please insert your card

proszę podać PIN
please enter your PIN

€

proszę wybrać sumę
please select amount for withdrawal

drukować paragon dla tej operacji?
withdrawal with receipt?

proszę wziąć kartę i czekać na gotówkę
please remove your card and wait for your cash

nieczynny
out of service

brak środków
insufficient funds

kwota nie powinna być wyższa niż ...
the amount should not exceed …

POST OFFICES

(i)

Letter boxes are red, and there are no separate slots for national and international items. Stamps are available from post offices, which are open from 8am to 8pm Monday to Friday. The central post office in Warsaw (**Poczta Główna**) is open 24 hours a day.

As well as the usual services, post offices also sell bus, tram and underground tickets, though the queues tend to be longer than at other outlets.

The basics

airmail	priorytet *preeoritet*
envelope	koperta *koperta*
letter	list *leest*
mail	poczta *pochta*
parcel	paczka *pachka*
post	poczta *pochta*
postbox	skrzynka na listy *skshynka na leesti*
postcard	pocztówka *pochtufka*
postcode	kod pocztowy *kod pochtovi*
post office	poczta *pochta*
stamp	znaczek *znachek*
to post	nadać *nadach*
to send	wysłać *viswach*
to write	napisać *napeesach*

Expressing yourself

is there a post office around here?
czy jest tu gdzieś poczta?
chi yest tu gjesh pochta?

is there a postbox near here?
czy jest tu gdzieś skrzynka na listy?
chi yest tu gjesh skshynka na leesti?

is the post office open on Saturdays?
czy ta poczta jest otwarta w soboty?
chi ta pochta yest otvarta v soboti?

what time does the post office close?
o której zamykają pocztę?
o kturey zamikayon pochte?

do you sell stamps?
czy są znaczki?
chi son znachkee?

I'd like ... stamps for the UK, please
chciałbym *(m)*/chciałabym *(f)* ... znaczków do Anglii
kchowbim/kchowabim ... znachkuf do anglee

how long will it take to arrive?
ile będzie szedł?
eele benje shed?

where can I buy envelopes?
gdzie mogę kupić koperty?
gje moge kupeech koperti?

is there any post for me?
czy są do mnie jakieś listy?
chi son do mnye yakyesh leesti?

POST OFFICES

Understanding

listy wyjmuje się codziennie o ... letters are collected daily at ...
nadawca sender
ostrożnie handle with care/fragile

będzie szedł od trzech do pięciu dni
it'll take between three and five days

INTERNET CAFÉS AND E-MAIL

`www`

(i)

Many Poles, especially young people and professionals, have an e-mail address, and will be keen to exchange it for yours.

Internet cafés (**Kawiarnia Internetowa**) are easy to find in cities and tourist areas. You usually pay at the end of your session. The English-language QWERTY keyboard is used, with additional Polish characters on the keys. These can be obtained by pressing Alt plus the main key.

The basics

at sign	małpa *mowpa*
e-mail address	adres mailowy *adres maylovi*
Internet café	kawiarenka internetowa *kavyarenka internetova*
key	klawisz *klaveesh*
keyboard	klawiatura *klavyatura*
to copy	skopiować *skopyovach*
to cut	wyciąć *vichonch*
to delete	usunąć *usunonch*
to download	ściągać z Internetu *shchongach z internetu*
to e-mail	wysłać maila *viswach mayla*
to paste	wkleić *fkleyeech*
to receive	otrzymać *ochimach*
to save	zapisać *zapeesach*
to send an e-mail	wysłać maila *viswach mayla*

Expressing yourself

is there an Internet café near here?
czy jest tu w pobliżu kawiarenka internetowa?
chi yest tu v pobleezhu kavyarenka internetova?

do you have an e-mail address?
czy masz adres mailowy?
chi mash adres maylovi?

how do I get online?
jak się wchodzi do internetu?
yak she fhojee do internetu?

I'd just like to check my e-mails
chciałbym *(m)*/chciałabym *(f)* tylko sprawdzić swoje maile
kchowbim/kchowabim tilko spravjeech sfoye mayle

would you mind helping me, I'm not sure what to do
czy mógłby Pan/mogłaby Pani mi pomóc? nie wiem, co mam robić
chi mugbi pan/mogwabi panee mee pomuts? nye vyem, tso mam robeech

I can't find the at sign on this keyboard
nie mogę znaleźć małpy na klawiaturze
nye moge znaleshch mowpi na klavyatuzhe

it's not working
nie działa
nie jowa

there's something wrong with the computer, it's frozen
coś jest nie tak z komputerem, zawiesił się
tsosh yest nye tak z komputerem, zavyesheew she

how much will it be for half an hour?
ile kosztuje pół godziny?
eele koshtuye puw gojeeni?

when do I pay?
kiedy się płaci?
kyedi she pwaci?

Understanding

skrzynka odbiorcza	inbox
wysłane elementy	sent items

trzeba poczekać około 20 minut
you'll have to wait for 20 minutes or so

jeśli ma Pan/Pani wątpliwości, proszę pytać
just ask if you're not sure what to do

żeby się zalogować wystarczy wpisać to hasło
just enter this password to log on

TELEPHONE

(i)

There are plenty of public phones, mainly around post offices and banks as well as in shopping centres and underground stations. Phonecards (worth 25, 50 or 100 units) are available from newspaper kiosks and hotels. Some public phones have their own number so you can be rung back. In big cities most people have mobile phones; in the country they are less common.

Polish phone numbers have seven digits: they are read out as a three-figure number followed by two two-figure numbers. 0 is pronounced zero. The area code must be used for all calls including local ones.

To call the UK from Poland, dial 00 44 followed by the area code (minus the first zero) and phone number. The dialling code for Ireland is 00 353, and for the US and Canada it is 001.

To call Poland from abroad, dial 00 48 followed by the area code (22 for Warsaw) and seven-digit phone number.

The basics

answering machine	automatyczna sekretarka *owtomatichna sekretarka*
call	telefon *telefon*
directory enquiries	biuro numerów *byuro numeruf*
hello	dzień dobry *jen dobri*
international call	rozmowa międzynarodowa *rozmova myendzinarodova*
local call	rozmowa lokalna *rozmova lokalna*
message	wiadomość *vyadomoshch*
mobile	komórka *komurka*
national call	rozmowa międzymiastowa *rozmova myendzimyastova*
phone	telefon *telefon*
phone book	książka telefoniczna *kshonzhka telefoneechna*
phone box	budka telefoniczna *budka telefoneechna*

phone call	rozmowa *rozmova*
phone number	numer telefonu *numer telefonu*
phonecard	karta telefoniczna *karta telefoneechna*
ringtone	dzwonek *dzvonek*
text message	SMS *esemes*
Yellow Pages®	żółte strony *zhuwte strony*
to call	zadzwonić do *zadzvoneech do*

Expressing yourself

where can I buy a phonecard?
gdzie mogę kupić kartę telefoniczną?
gje moge kupeech karte telefoneechnon?

I'd like to make a reverse-charge call
chciałbym *(m)*/chciałabym *(f)* zadzwonić na koszt rozmówcy
kchowbim/kchowabim zadzvoneech na kosht rozmuftsi

is there a phone box near here, please?
czy jest tu gdzieś budka telefoniczna?
chi yest tu gjesh budka telefoneechna?

can I plug my phone in here to recharge it?
czy mogę tu podłączyć ładowarkę?
chi moge tu podwonchich wadovarke?

do you have a mobile number?
czy ma Pan/Pani numer komórkowy?
chi ma pan/panee numer komurkovi?

where can I contact you?
gdzie mogę Pana/Panią złapać?
gje moge pana/panion zwapach?

did you get my message?
czy odebrał Pan/odebrała Pani moją wiadomość?
chi odebrow pan/odebrowa panee moyon vyadomoshch?

I'll text you
wyślę ci SMSa
vishle chee esemesa

please text me
wyślij mi SMSa
vishlee mee esemesa

Understanding

nie ma takiego numeru
the number you have dialled has not been recognized

proszę nacisnąć krzyżyk
please press the hash key

MAKING A CALL

Expressing yourself

hello, this is David Brown (speaking)
dzień dobry, mówi David Brown
jen dobri, muvi david brown

hello, could I speak to ..., please?
dzień dobry, czy mogę rozmawiać z ...?
jen dobri, chi moge rozmavyach z ...?

hello, is that Anna?
dzień dobry, czy to Ania?
jen dobri, chi to anya?

do you speak English?
czy mówi Pan/Pani po angielsku?
chi muvi pan/panee po angyelsku?

could you speak more slowly, please?
proszę mówić wolniej
proshe muveech volnyey

I can't hear you, could you speak up, please?
nie słyszę, proszę mówić głośniej
nye swishe, proshe muveech gwoshnyey

could you tell I called?
czy może Pan/Pani przekazać, że dzwoniłem *(m)*/dzwoniłam *(f)*?
chi mozhe pan/panee pshekazach zhe dzvoneewem/dzvoneewam?

could you ask to call me back?
czy może Pan/Pani poprosić, żeby oddzwonił/oddzwoniła?
chi mozhe pan/panee poprosheech zhebi oddzvoneew/oddzvoneewa?

I'll call back later
zadzwonię później
zadzvonye puzhnyey

my name is … and my number is …
nazywam się ..., a mój numer to ...
nazivam she ..., a muy numer to ...

do you know when he/she might be available?
czy wie Pan/Pani kiedy będzie dostępny/dostępna?
chi vye pan/panee kyedi benje dostempni/dostempna?

thank you, goodbye
dziękuję, do widzenia
jenkuye, do veedzenya

Understanding

kto mówi?
who's calling?

to pomyłka
you've got the wrong number

nie ma go/jej w tej chwili
he's/she's not here at the moment

czy chciałby Pan/chciałaby Pani zostawić wiadomość?
do you want to leave a message?

przekażę, że Pan dzwonił/Pani dzwoniła
I'll tell him/her you called

poproszę, żeby oddzwonił/oddzwoniła
I'll ask him/her to call you back

proszę zaczekać na linii
hold on

przekażę słuchawkę
I'll just hand you over

PROBLEMS

Expressing yourself

I don't know the code
nie znam numeru kierunkowego
nye znam numeru kyerunkovego

it's engaged
linia jest zajęta
leenya yest zayenta

there's no reply
nikt nie odpowiada
neekt nye odpovyada

I couldn't get through
nie mogłem *(m)*/nie mogłam *(f)* się połączyć
nye mogwem/nye mogwam she powonchich

I don't have much credit left on my phone
mam mało impulsów
mam mowo impulsuf

we're about to get cut off
zaraz nas rozłączą
zaraz nas rozwonchon

the reception's really bad
recepcja jest okropna
retseptsya yest okropna

I can't get a signal
nie ma sygnału
nye ma signowu

Understanding

ledwo cię słyszę
I can hardly hear you

źle słychać
it's a bad line

Common abbreviations
pr. = praca work (number)
dom. = domowy home (number)
kom. = komórka mobile (number)

Some informal expressions
dryndnąć do kogoś to give somebody a buzz
rzucić słuchawką to hang up on somebody

HEALTH

ⓘ

Pharmacies are open Monday to Friday from 8am to 8pm, and on Saturdays from 9am to 2pm. The pharmacy at Warsaw Central Station is open 24 hours a day and every town has at least one open 24 hours – near the main square or in a hospital.

Most medicines require a prescription, except those for minor ailments such as headaches and blocked noses. You can also buy mild painkillers (aspirins etc) at kiosks.

As Poland is now part of the EU, EU nationals are entitled to free healthcare there on presentation of a valid European Health Insurance Card (EHIC). Note that this only covers care provided by the State health service (NFZ), and not private treatment.

The medical emergency service is called **Pogotowie ratunkowe**; the phone number is **999**.

The basics

allergy	alergia *alergya*
ambulance	ambulans *ambulans*
aspirin	aspiryna *aspeerina*
blood	krew *kref*
broken	złamany *zwamani*
casualty (department)	ostry dyżur *ostri dizhur*
chemist's	apteka *apteka*
condom	kondom *kondom*, prezerwatywa *prezervativa*
dentist	dentysta *dentista*, stomatolog *stomatolog*
diarrhoea	biegunka *byegunka*
doctor	doktor *doktor*, lekarz *lekazh*
food poisoning	zatrucie pokarmowe *zatruche pokarmove*
GP	lekarz pierwszego kontaktu *lekazh pyerfshego kontaktu*
gynaecologist	ginekolog *ginekolog*

hospital	szpital *shpeetal*
infection	infekcja *infektsya*
medicine	lekarstwo *lekarstfo*
painkiller	środek przeciwbólowy *shrodek pshecheefbulovi*
periods	menstruacja *menstruatsya*
plaster	plaster *plaster*
rash	wysypka *visipka*
spot	pryszcz *prishch*
sunburn	poparzenie słoneczne *popazhenye swonechne*
surgical spirit	spirytus salicylowy *speeritus saleetsilovi*
tablet	tabletka *tabletka*
temperature	temperatura *temperatura*
vaccination	szczepionka *shchepyonka*
X-ray	prześwietlenie *psheshvyetlenye*
to disinfect	zdezynfekować *zdezinfekovach*
to faint	zemdleć *zemdlech*
to vomit	wymiotować *vimyotovach*

Expressing yourself

does anyone have an aspirin/a tampon/a plaster, by any chance?
czy ma ktoś przypadkiem aspirynę/tampon/plaster?
chi ma ktosh pshipadkyem aspeerine/tampon/plaster?

I need to see a doctor
muszę iść do lekarza
mushe eeshch do lekazha

where can I find a doctor?
gdzie znajdę lekarza?
gje znayde lekazha?

I'd like to make an appointment for today
chciałbym *(m)*/chciałabym *(f)* umówić się na wizytę dzisiaj
kchowbim/kchowabim umuveech she na veezite jeeshay

as soon as possible	**no, it doesn't matter**
jak najszybciej	nie, nie ma znaczenia
yak nayshibchey	*nye, nye ma znachenya*

can you send an ambulance to …
proszę przysłać ambulans do ...
proshe pshiswach ambulans do …

I've broken my glasses
zepsuły mi się okulary
zepsuwi mee she okulari

I've lost a contact lens
zgubiłem *(m)*/zgubiłam *(f)* soczewkę
zgubeewem/zgubeewam sochefke

Understanding

ostry dyżur   casualty department
przychodnia   doctor's surgery
recepta   prescription

nie ma numerków aż do czwartku
there are no available appointments until Thursday

czy piątek o 2 odpowiada Panu/Pani?
is Friday at 2pm OK?

AT THE DOCTOR'S OR THE HOSPITAL

Expressing yourself

I have an appointment with Dr …
mam wizytę u doktora ...
mam veezite u doktora …

I don't feel very well
nie czuję się za dobrze
nye chuye she za dobzhe

I feel very weak
słabo mi
swabo mee

I don't know what it is
nie wiem, co to jest
nye vyem, tso to yest

I've been bitten/stung by …
ugryzła/użądliła mnie …
ugrizwa/uzhondleewa mnye …

I've got a headache
boli mnie głowa
bolee mnye gwova

I've got a sore throat
boli mnie gardło
bolee mnye gardwo

it hurts
to boli
to bolee

I feel sick
niedobrze mi
nyedobzhe mee

it's been three days
to trwa od trzech dni
to trfa od chek dnee

I've got toothache/stomach ache
boli mnie ząb/brzuch
bolee mnye zomb/bzhuk

my back hurts
bolą mnie plecy
bolon mnye pletsi

it hurts here
boli mnie tutaj
bolee mnye tutay

it's got worse
pogorszyło się
pogorshiwo she

it started last night
zaczęło się wczoraj
zachewo she fchoray

it's never happened to me before
nigdy wcześniej tego nie miałem (m)/miałam (f)
neegdi fcheshnyey tego nye myowem/myowam

I've got a temperature
mam temperaturę
mam temperature

I have asthma
mam astmę
mam astme

I have a heart condition
mam problemy z sercem
mam problemi z sertsem

I've been on antibiotics for a week, but I'm not getting any better
biorę antybiotyki od tygodnia, ale nie czuję się lepiej
byore antibeeotikee od tigodnya, ale nye chuye she lepyey

it itches
swędzi
sfenjee

I'm on the pill/the minipill
biorę pigułki/minipigułki
byore peeguwkee/meeneepeeguwkee

I'm ... months pregnant
jestem w ... miesiącu ciąży
yestem v ... myeshontsu chonzhi

I'm allergic to penicillin
mam alergię na penicylinę
mam alergye na peneetsileene

I've twisted my ankle
mam zwichniętą kostkę
mam zveeknyenton kostke

I fell and hurt my back
upadłem *(m)*/upadłam *(f)* i uderzyłem *(m)*/uderzyłam *(f)* się w plecy
upadwem/upadwam ee udezhiwem/udezhiwam she v pletsi

I've had a blackout
zemdlałem *(m)*/zemdlałam *(f)*
zemdlowem/zemdlowam

I've lost a filling
wypadła mi plomba
vipadwa mee plomba

is it serious?
czy to poważne?
chi to povazhne?

is it contagious?
czy to zakaźne?
chi to zakazhne?

how is he/she?
jak on/ona się czuje?
yak on/ona she chuye?

how much do I owe you?
ile płacę?
eele pwatse?

can I have a receipt so I can get the money refunded?
poproszę paragon, potrzebny jest, żeby uzyskać zwrot pieniędzy
poproshe paragon, pochebni yest zhebi uziskach zvrot pyenyendzi

Understanding

proszę usiąść w poczekalni
take a seat in the waiting room

gdzie Pana/Panią boli?
where does it hurt?

proszę oddychać głęboko
take a deep breath

proszę się położyć
lie down, please

czy boli jak tu naciskam?
does it hurt when I press here?

czy był Pan/była Pani zaszczepiony/zaszczepiona przeciw ...?
have you been vaccinated against …?

czy ma Pan/Pani alergię na ...?
are you allergic to …?

czy bierze Pan/Pani jakieś lekarstwa?
are you taking any medication?

wypiszę Panu/Pani receptę
I'm going to write you a prescription

przejdzie za kilka dni
it should clear up in a few days

powinno się szybko zagoić
it should heal quickly

musi Pan/Pani poddać się operacji
you're going to need an operation

proszę przyjść za tydzień
come back and see me in a week

AT THE CHEMIST'S

Expressing yourself

I'd like a box of plasters, please
poproszę pudełko plastrów
poproshe pudewko plastruf

could I have something for a cold?
czy może mi Pan/Pani dać coś na przeziębienie?
chi mozhe mee pan/panee dach tsosh na pshezhembyenye?

I need something for a cough
potrzebuję czegoś na kaszel
pochebuye chegosh na kashel

I'm allergic to aspirin
mam alergię na aspirynę
mam alergye na aspeerine

I need the morning-after pill
potrzebuję pigułkę wczesnoporonną
pochebuye peeguwke fchesnoporonnon

I'd like a homeopathic remedy
chciałbym *(m)*/chciałabym *(f)* lek homeopatyczny
kchowbim/kchowabim lek homeopatichni

I'd like a bottle of solution for soft contact lenses
poproszę płyn do soczewek kontaktowych
poproshe pwin do sochevek kontaktovik

Understanding

czopki	suppositories
kapsułka	capsule
krem	cream
maść	ointment
przeciwwskazania	contra-indications
przyjmuje się trzy razy dziennie przed jedzeniem	take three times a day before meals
puder	powder

skutki uboczne	side effects
syrop	syrup
tabletka	tablet
używać	apply
wydaje się z przepisu lekarza	available on prescription only

Some informal expressions

czuje się marnie I feel rough

gumka condom

mam paskudny katar I've got a stinking cold

nie mogę ruszyć się z łóżka I'm stuck in bed

prochy pills

PROBLEMS AND EMERGENCIES

!

(i)

Poland has a single police force (**Policja**) with various responsibilities. The law is strictly applied, particularly with regard to speeding and drink-driving, for which there is a zero-tolerance policy. In the cities you will also come across uniformed officers of the **Straż Miejska** (city guard) who deal with minor public order offences. Places such as railway stations and malls are often patrolled by private security guards wearing black military-style uniforms.

The emergency number for the police is **997**. For the fire service (**Straż Pożarna**) the number is **998**. All emergency services may be reached from a mobile phone by using the number **112**.

The basics

accident	wypadek *vipadek*
ambulance	ambulans *ambulans*
broken	złamany *zwamani*
coastguard	straż przybrzeżna *strazh pshibzhezhna*
disabled	niepełnosprawny *nyepewnospravni*
doctor	doktor *doktor*, lekarz *lekazh*
emergency	wypadek *vipadek*
fire brigade	straż pożarna *strazh pozharna*
fire	pożar *pozhar*
hospital	szpital *shpeetal*
ill	chory *hori*
injured	ranny *ranni*
police	policja *poleetsya*

Expressing yourself

can you help me?
czy może mi Pan/Pani pomóc?
chi mozhe mee pan/panee pomuts?

help!
ratunku!
ratunku!

fire!
pali się!
palee she!

be careful!
uwaga!
uvaga!

it's an emergency!
wypadek!
vipadek!

could I borrow your phone, please?
czy mogę pożyczyć Pana/Pani telefon?
chi moge pozhichich pana/panee telefon?

there's been an accident
zdarzył się wypadek
zdazhiw she vipadek

does anyone here speak English?
czy ktoś mówi po angielsku?
chi ktosh muvi po angyelsku?

I need to contact the British consulate
muszę się skontaktować z konsulatem brytyjskim
mushe she skontaktovach z konsulatem briteeskeem

where's the nearest police station?
gdzie jest najbliższy posterunek policji?
gje yest naybleezhshi posterunek poleetsyee?

what do I have to do?
co mam zrobić?
tso mam zrobeech?

my passport/credit card has been stolen
ukradziono mi paszport/kartę kredytową
ukrajono mee pashport/karte kreditovon

my bag's been snatched
ktoś mi wyrwał torbę
ktosh mee virvow torbe

I've lost ...
zgubiłem *(m)*/zgubiłam *(f)* ...
zgubeewem/zgubeewam ...

I've been attacked
napadli mnie
napadlee mnye

my son/daughter is missing
mój syn/córka zaginął/zaginęła
muy sin/tsurka zageenon/zageenewa

my car's been towed away
mój samochód został odholowany
muy samohud zostow odholovani

I've broken down
samochód mi się popsuł
samohud mee she popsuw

my car's been broken into
włamali mi się do samochodu
wwamalee mee she do samohodu

someone's following me
ktoś mnie śledzi
ktosh mnye shlejee

is there disabled access?
czy jest dostęp dla niepełnosprawnych?
chi yest dostemp dla nyepewnospravnik?

can you keep an eye on my things for a minute?
czy może Pan/Pani popilnować moich rzeczy?
chi mozhe pan/panee popeelnovach moeek zhechi?

he's drowning, get help!
on tonie, zawołaj pomoc!
on tonye, zavoway pomots!

Understanding

biuro rzeczy znalezionych	lost property
górskie pogotowie ratunkowe	mountain rescue
nieczynny	out of order
policja	police
pomoc drogowa	breakdown service
wyjście awaryjne	emergency exit
zły pies	beware of the dog

PROBLEMS, EMERGENCIES

POLICE

Expressing yourself

I want to report something stolen
chcę zgłosić kradzież
ktse zgwosheech krajezh

I need a document from the police for my insurance company
potrzebuję zaświadczenia z policji dla firmy ubezpieczeniowej
pochebuye zashvyadchenya z poleetsyee dla feermi ubezpyechenyovey

Understanding

Filling in forms

adres	address
data urodzenia	date of birth
data wjazdu/wyjazdu	arrival/departure date
imię	first name
kod pocztowy	postcode
kraj	country
miejsce urodzenia	place of birth
narodowość	nationality
nazwisko	surname
numer paszportu	passport number
płeć	sex
pobyt od ... do ...	stay from ... to ...
wiek	age
zawód	occupation

trzeba zapłacić cło od tej rzeczy
there's customs duty to pay on this item

proszę otworzyć tę torbę
would you open this bag, please?

czego brakuje?
what's missing?

!

kiedy to się zdarzyło?
when did this happen?

gdzie się Pan/Pani zatrzymał/zatrzymała?
where are you staying?

czy może go/ją/to Pan/Pani opisać?
can you describe him/her/it?

proszę wypełnić ten formularz
would you fill in this form, please?

proszę podpisać tutaj
would you sign here, please?

> **Some informal expressions**
> **gliny** cops
> **obrobili mnie** I've been robbed
> **wsadzili mnie** I've been arrested

TIME AND DATE

The basics

after	po *po*
already	już *yush*
always	zawsze *zafshe*
at lunchtime	w porze obiadowej *v pozhe obyadovey*
at the beginning/ end of	na początku/na końcu *na pochontku/ na kontsu*
at the moment	teraz *teraz*
before	przed *pshed*
between ... and ...	między ... a ... *myendzi ... a ...*
day	dzień *jen*
during	podczas *podchas*
early	wcześnie *fcheshnye*
evening	wieczór *vyechur*
for a long time	przez długi czas *pshez dwugee chas*
from ... to ...	od ... do ... *od ... do ...*
from time to time	od czasu do czasu *od chasu do chasu*
in a little while	za chwilkę *za kfeelke*
in the evening	wieczorem *vyechorem*
in the middle of	w środku *v shrodku*
last	ostatni *ostatnee*
late	spóźniony *spuzhnyoni*
midday	południe *powudnye*
midnight	północ *puwnots*
morning	ranek *ranek*
month	miesiąc *myeshonts*
never	nigdy *neegdi*
next	następny *nastempni*
night	noc *nots*
not yet	jeszcze nie *yeshche nye*
now	teraz *teraz*
often	często *chensto*
rarely	rzadko *zhadko*
recently	ostatnio *ostatnyo*
since	od *od*

sometimes	czasami *chasamee*
soon	wkrótce *fkruttse*
still	jeszcze *yeshche*
straightaway	od razu *od razu*
until	aż do *ash do*
week	tydzień *tijen*
weekend	weekend *weekend*
year	rok *rok*

Expressing yourself

see you soon!
do zobaczenia!
do zobachenya!

see you later!
do zobaczenia!
do zobachenya!

see you on Monday!
do poniedziałku!
do ponyejowku!

have a good weekend!
miłego weekendu!
meewego weekendu!

sorry I'm late
przepraszam za spóźnienie
psheprasham za spuzhnyenye

I haven't been there yet
jeszcze tam nie byłem *(m)*/byłam *(f)*
yeshche tam nye biwem/biwam

I haven't had time to …
nie miałem *(m)*/miałam *(f)* czasu, żeby …
nye myowem/myowam chasu zhebi …

I've got plenty of time
mam dużo czasu
mam duzho chasu

I'm in a rush
spieszę się
spyeshe she

hurry up!
pospiesz się!
pospyesh she!

just a minute, please
chwileczkę
kfeelechke

I had a late night
późno się położyłem *(m)*/położyłam *(f)*
puzhno she powozhiwem/powozhiwam

I got up very early
wstałem *(m)*/wstałam *(f)* bardzo wcześnie
fstowem/fstowam bardzo fcheshnye

I waited ages
czekałem *(m)*/czekałam *(f)* całe wieki
chekowem/chekowam tsowe vyekee

I have to get up very early tomorrow to catch my plane
jutro muszę wstać bardzo wcześnie, żeby złapać samolot
yutro mushe fstach bardzo fcheshnye zhebi zwapach samolot

we only have four days left
zostały nam tylko cztery dni
zostowi nam tilko chteri dnee

THE DATE

How to express the date

Like English, Polish uses ordinal numbers (first, second etc) to express the date: "2 January 2007" is written **2** (drugi)/**2-go** (= drugiego, *genitive*) **stycznia 2007 r.** (= roku).

Periods of time are referred to as follows:
in June 2007   **w czerwcu 2007 r.**
between 2006 and 2007   **od 2006 do 2007**

Ordinal numbers are also used for centuries, and are written in Roman numerals:
in the first century BC   **I wiek p.n.e.** (= przed naszą erą)
in the third century AD   **III wiek n.e.** (= naszej ery)
19th-century art   **sztuka XIX wieku**
at the end of the seventeenth   **pod koniec XVII wieku**
   century

The basics

... ago	... temu *... temu*
at the beginning/end of	na początku/na końcu *na pochontku/ na kontsu*
in the middle of	w środku *v shrodku*
in two days' time	za dwa dni *za dva dnee*
last night	wczoraj wieczorem *fchoray vyechorem*
the day after tomorrow	pojutrze *poyuche*
the day before yesterday	przedwczoraj *pshedfchoray*
today	dzisiaj *jeeshay*
tomorrow	jutro *yutro*
tomorrow morning/afternoon/ evening	jutro rano/popołudniu/wieczorem *yutro rano/popowudnyu/vyechorem*
yesterday	wczoraj *fchoray*
yesterday morning/afternoon/ evening	wczoraj rano/popołudniu/wieczorem *fchoray rano/popowudnyu/vyechorem*

Expressing yourself

I was born in 1975
urodziłem *(m)*/urodziłam *(f)* się w 1975 roku
urojeewem/urojeewam she v tishonts jevyenchset shedemjeshontim pyontim roku

I came here for a few days
jestem tu na kilka dni
yestem tu na keelka dnee

I spent a month here last summer
spędziłem *(m)*/spędziłam *(f)* tu miesiąc zeszłego lata
spenjeewem/spenjeewam tu myeshonts zeshwego lata

I was here last year at the same time
byłem *(m)*/byłam *(f)* tu w zeszłym roku o tej samej porze
biwem/biwam tu v zeshwim roku o tey samey pozhe

what's the date today?
który dzisiaj jest?
kturi jeeshay yest?

what day is it today?
jaki jest dziś dzień?
yakee yest jeesh jen?

it's the 1st of May
jest pierwszy maja
*yest **pyerf**shi **ma**ya*

I'm staying until Sunday
jestem tu do soboty
__ye__stem tu do so__bo__ti

we're leaving tomorrow
wyjeżdżamy jutro
viyezh__ja__mi __yu__tro

I already have plans for Tuesday
mam już plany na wtorek
mam yuzh __pla__ni na __fto__rek

Understanding

codziennie	every day
co poniedziałek	every Monday
raz/dwa razy	once/twice
trzy razy na godzinę/dziennie	three times an hour/a day

to zostało zbudowane w połowie dziewiętnastego wieku
it was built in the mid-nineteenth century

robi się tu tłoczno latem
it gets very busy here in the summer

kiedy wyjeżdżasz?
when are you leaving?

jak długo zostajesz?
how long are you staying?

THE TIME

Telling the time

8.20 is written as **8.20** or **godz. 8.20**. The word **godzina** (hour) is often omitted in spoken language: 4am is expressed as **czwarta**, 4pm as **czwarta po południu** (in the afternoon) and 9pm as **dziewiąta wieczorem** (in the evening). Poles frequently use the 24-hour clock to express the time of day, eg 4pm is often expressed as **szesnasta** and 9pm as **dwudziesta pierwsza**.

Note that **pół do** refers to half an hour before the indicated hour, and not after the hour as in English. Thus **pół do czwartej** means half past three and not half past four.

Some informal expressions
punkt druga at 2 o'clock on the dot
właśnie wybiła ósma it's just struck 8 o'clock

The basics

early	wcześnie *fcheshnye*
half an hour	pół godziny *puw gojeeni*
in the afternoon	po południu *po powudnyu*
in the morning	rano *rano*
late	późno *puzhno*
midday	południe *powudnye*
midnight	północ *puwnots*
on time	na czas *na chas*
quarter of an hour	kwadrans *kvadrans*
three quarters of an hour	trzy kwadranse *chi kvadranse*

Expressing yourself

what time is it?
która godzina?
ktura gojeena?

excuse me, have you got the time, please?
przepraszam, która godzina?
psheprasham, ktura gojeena?

it's exactly three o'clock
jest punkt trzecia
yest punkt checha

it's nearly one o'clock
jest prawie pierwsza
yest pravye pyerfsha

it's ten past one
dziesięć po pierwszej
yest jeshench po pyerfshey

it's a quarter past one
kwadrans po pierwszej
yest kvadrans po pyerfshey

it's a quarter to one
za kwadrans pierwsza
yest za kvadrans pyerfsha

it's twenty past twelve
dwadzieścia po dwunastej
yest dvajeshcha po dvunastey

it's twenty to twelve
za dwadzieścia dwunasta
yest za dvajeshcha dvunasta

it's half past one
jest pół do drugiej
yest puw do drugyey

I arrived at about two o'clock
przyjechałem (m)/przyjechałam (f) około drugiej
pshiyehowem/pshiyehowam okowo drugyey

I set my alarm for nine
nastawiłem (m)/nastawiałam (f) budzik na dziewiątą
nastaviwem/nastavyowam bujeek na jevyonton

I waited twenty minutes
czekałem (m)/czekałam (f) dwadzieścia minut
chekowem/chekowam dvajeshcha meenut

the train was fifteen minutes late
pociąg spóźnił się piętnaście minut
pochong spuzhneew she pyentnashche meenut

I got home an hour ago
wróciłem (m)/wróciłam (f) do domu godzinę temu
vrucheewem/vrucheewam do domu gojeene temu

shall we meet in half an hour?
możemy się spotkać za pół godziny?
mozhemi she spotkach za puw gojeeni?

I'll be back in a quarter of an hour
wracam za kwadrans
vratsam za kvadrans

there's a three-hour time difference between … and …
są trzy godziny różnicy między … a …
son chi gojeeni ruzhneetsi myendzi … a …

Understanding

odjeżdża o pełnej godzinie i pół po
departs on the hour and the half-hour

otwarte od 10 do 16
open from 10am to 4pm

jest codziennie wieczorem o siódmej
it's on every evening at seven

trwa około półtorej godziny
it lasts around an hour and a half

otwierają o dziesiątej rano
it opens at ten in the morning

NUMBERS

0	zero *zero*
1	jeden *yeden*
2	dwa *dva*
3	trzy *chi*
4	cztery *chteri*
5	pięć *pyench*
6	sześć *sheshch*
7	siedem *shedem*
8	osiem *oshem*
9	dziewięć *jevyench*
10	dziesięć *jeshench*
11	jedenaście *yedenashche*
12	dwanaście *dvanashche*
13	trzynaście *chinashche*
14	czternaście *chternashche*
15	piętnaście *pyentnashche*
16	szesnaście *shesnashche*
17	siedemnaście *shedemnashche*
18	osiemnaście *oshemnashche*
19	dziewiętnaście *jevyentnashche*
20	dwadzieścia *dvajeshcha*
21	dwadzieścia jeden *dvajeshcha yeden*
22	dwadzieścia dwa *dvajeshcha dva*
30	trzydzieści *chijeshchee*
35	trzydzieści pięć *chijeshchee pyench*
40	czterdzieści *chterjeshchee*
50	pięćdziesiąt *pyenjeshont* (exceptionally for Polish the ć is silent in the numbers **50**, **60**, **90**)
60	sześćdziesiąt *sheshjeshont*
70	siedemdziesiąt *shedemjeshont*
80	osiemdziesiąt *oshemjeshont*
90	dziewięćdziesiąt *jevyenjeshont*
100	sto *sto*
101	sto jeden *sto yeden*
200	dwieście *dvyeshche*
500	pięćset *pyenchset*

NUMBERS

1000	tysiąc *tishonts*
2000	dwa tysiące *dva tishontse*
10000	dziesięć tysięcy *jeshench tishentsi*
1000000	milion *meelyon*

first	pierwszy *pyerfshi*
second	drugi *drugee*
third	trzeci *chechee*
fourth	czwarty *chfarti*
fifth	piąty *pyonti*
sixth	szósty *shusti*
seventh	siódmy *shudmi*
eighth	ósmy *usmi*
ninth	dziewiąty *jevyonti*
tenth	dziesiąty *jeshonti*
twentieth	dwudziesty *dvujesti*

20 plus 3 equals 23
dwadzieścia plus trzy równa się dwadzieścia trzy
dvajeshcha plus chi ruvna she dvajeshcha chi

20 minus 3 equals 17
dwadzieścia minus trzy równa się siedemnaście
dvajeshcha meenus chi ruvna she shedemnashche

20 multiplied by 4 equals 80
dwadzieścia razy cztery równa się osiemdziesiąt
dvajeshcha razi chteri ruvna she oshemjeshont

20 divided by 4 equals 5
dwadzieścia dzielone przez cztery równa się pięć
dvajeshcha jelone pshez chteri ruvna she pyench

DICTIONARY

ENGLISH-POLISH

a (article) see grammar; (number) jeden
abbey opactwo
able: I'm able to ... mogę ...
about około; **I was about to do it**
  miałem właśnie zamiar to zrobić
above powyżej
abroad zagranicą
accept przyjmować
access (n) dostęp 118
accident wypadek 33, 117
accommodation zakwaterowanie
across przez
adaptor przejściówka
address adres
admission wstęp
advance: in advance z góry
advice rada; **I need to ask your**
  advice about ... muszę zapytać cię
  o radę w sprawie ...
advise radzić
aeroplane samolot
after po
afternoon popołudnie
after-sun (cream) balsam po
  opalaniu
again znowu
against przeciw
age wiek
air powietrze
air conditioning klimatyzacja
airline linia lotnicza
airmail poczta lotnicza
airport lotnisko
alarm clock budzik
alcohol alkohol

alive żywy
all (everything) wszystko; (everyone)
  wszyscy; **all day** cały dzień; **all**
  week cały tydzień; **all the better**
  tym lepiej; **all the time** cały czas; **all**
  inclusive all inclusive
allergic uczulony 49, 112, 114
almost prawie
already już
also też
although pomimo że
always zawsze
ambulance karetka, ambulans 110
American (adj) amerykański; **I'm**
  American jestem Amerykaninem
  (m)/Amerykanką (f)
American (n) Amerykanin (m)/
  Amerykanka (f)
among pośród
anaesthetic środek znieczulający
and i
animal zwierzę
ankle kostka
anniversary rocznica
another (different) inny; (additional)
  jeszcze jeden
answer (n) odpowiedź
answer (v) odpowiadać
answering machine automatyczna
  sekretarka
ant mrówka
antibiotics antybiotyk
anybody, anyone ktoś
anything coś
anyway w każdym razie
appendicitis zapalenie wyrostka
  robaczkowego

appointment spotkanie 109, 110; **I want to make an appointment** chcę się umówić; **I have an appointment (with)** mam spotkanie (z)

April kwiecień

area okolica; **in the area** w okolicy

arm ramię

around *(surrounding)* wokół; *(approximately)* około

arrange *(plan)* zorganizować; **we arranged to meet** umówiliśmy się

arrival *(of car, bus, train)* przyjazd; *(of plane)* przylot

arrive *(car, bus, train)* przyjechać; *(plane)* przylecieć

art sztuka

artist artysta

as jak; **as soon as possible** tak szybko jak to możliwe; **as soon as** jak tylko; **as well as** a także

ashtray popielniczka

ask *(question)* pytać; *(for help)* prosić

aspirin aspiryna

asthma astma 111

at: at the airport/station na lotnisku/stacji; **at one o'clock** o pierwszej; **at my place** u mnie; **at home** w domu

attack *(v)* atakować 118

August sierpień

autumn jesień

available dostępny

avenue aleja

away: 10 km away 10 km stąd

B

baby *(infant)* niemowlę

baby's bottle butelka dziecięca

back *(n) (part of body)* plecy; **at the back of** z tyłu

backpack plecak

bad zły; **it's not bad** nie jest źle

bag torba

baggage bagaż

bake piec

baker's piekarnia

balcony balkon

bandage bandaż

bank bank 96

banknote banknot

bar bar

barbecue *(n)* grill

bath *(tub)* wanna; **I want to have a bath** chcę wziąć kąpiel

bathroom łazienka

bath towel ręcznik kąpielowy

battery bateria; *(in car)* akumulator 32

be być

beard broda

beautiful piękny

because bo; **because of** z powodu

bed łóżko

bee pszczoła

before przed

begin zaczynać

beginner początkujący

beginning początek; **at the beginning** na początku

behind za

believe wierzyć

below poniżej

beside obok

best najlepszy; **the best** najlepszy

better lepszy; **I'm getting better** lepiej się czuję; **it's better to …** lepiej …

between pomiędzy

bicycle rower

bicycle pump pompka rowerowa

big duży

bike rower

bill rachunek 51

bin kosz na śmieci

binoculars lornetka

birthday urodziny

bit: a bit (of) trochę

bite *(n)* ugryzienie

bite *(v)* ugryźć

black czarny

blackout *(fainting)* omdlenie; *(power cut)* awaria zasilania

blanket koc
bleed krwawić
bless: bless you! na zdrowie!
blind ślepy
blister pęcherz
blood krew
blood pressure ciśnienie krwi
blue niebieski
board tablica
boarding wejście na pokład
boat statek
body ciało
book (n) książka
book (v) rezerwować
bookshop księgarnia
boot but za kostkę; (of car) bagażnik
borrow pożyczyć
botanical garden ogród botaniczny
both oba; **both of us** my oboje
bottle butelka
bottle opener otwieracz do butelek
bottom (n) dno; **at the bottom** na dnie; **at the bottom of** na dole
bowl miska
bra stanik
brake (n) hamulec
brake (v) hamować
bread chleb
break (v) złamać; **I've broken my leg** złamałem nogę
break down zepsuć (się) **32**
breakdown awaria
breakdown service pomoc drogowa
breakfast śniadanie; **what time do we have breakfast?** o której jest śniadanie?
bridge most
bring przynosić
brochure broszura
broken (glass) rozbity; (bone) złamany
bronchitis zapalenie oskrzeli
brother brat
brown brązowy
brush (n) szczoteczka
build budować
building budynek

bump (n) (on head, leg) guz
bumper zderzak
buoy boja
burn (n) oparzenie
burn (v) spalić; **I've burnt myself** oparzyłem się
burst (v) pękać
bus autobus
bus route trasa autobusu
bus station dworzec autobusowy
bus stop przystanek autobusowy
busy zajęty
but ale
butcher's sklep mięsny
buy kupować **84**
by przez; **by car** samochodem
bye! cześć!

C

café kawiarnia
call (n) telefon
call (v) zadzwonić **104**
call back oddzwonić **104**
camera aparat fotograficzny
camper (vehicle) samochód kempingowy
camping: we're going camping jedziemy pod namiot
camping stove kuchenka turystyczna
campsite kemping
can (n) (tin) puszka
can (v) móc; **I can't** nie mogę
cancel odwołać
candle świeczka
canoe kajak
can opener otwieracz do puszek
car samochód
caravan przyczepa kempingowa
card karta
car park parking
carry nosić
case: in case of ... na wypadek ...
cash (n) gotówka; **can I pay in cash?** mogę zapłacić gotówką?
cashpoint bankomat **96**

castle zamek
catch złapać
cathedral katedra
CD CD 93
cemetery cmentarz
centimetre centymetr
centre centrum
century wiek
chair krzesło
chairlift wyciąg krzesełkowy
change (n) (money) reszta 86
change (v) zmieniać; (money)
  wymieniać 96; (clothes) przebrać się
changing room przebieralnia
channel kanał
chapel kaplica
charge (n) opłata
charge (v) pobrać opłatę
cheap tani
check sprawdzać
check in (v) (in hotel) zameldować się;
  (at airport) odprawić się
check-in (n) punkt odprawy 26
checkout kasa
cheers! na zdrowie!
chemist's apteka
cheque czek
chest klatka piersiowa
child dziecko
chilly chłodny
chimney komin
chin broda
church kościół
cigar cygaro
cigarette papieros
cigarette paper bibułka papierosowa
cinema kino
circus cyrk
city miasto
clean (adj) czysty
clean (v) sprzątać
cliff klif
climate klimat
climbing wspinaczka
cloakroom szatnia
close (v) zamykać

closed zamknięty
closing time godzina zamknięcia
clothes ubrania
clutch sprzęgło
coach autobus
coast wybrzeże
coathanger wieszak na ubrania
cockroach karaluch
coffee kawa
coil (contraceptive) spirala domaciczna
coin moneta
Coke® Cola
cold (adj) zimny; it's cold jest zimno;
  I'm cold zimno mi
cold (n) przeziębienie; I have a cold
  jestem przeziębiony
collect (go and get) odebrać
colour kolor
comb grzebień
come (of person) przychodzić; (of
  vehicle) przyjeżdżać
come back wracać
come in wchodzić
come out wychodzić
comfortable wygodny
company firma
compartment przedział
complain narzekać
comprehensive insurance
  ubezpieczenie pełne, AC
computer komputer
concert koncert
concert hall sala koncertowa
concession (reduced price) zniżka
  24, 73
condom kondom, prezerwatywa
confirm potwierdzać 26
connection połączenie 27
constipated: I'm constipated mam
  zaparcie
consulate konsulat 117
contact (n) kontakt
contact (v) skontaktować się 103, 117
contact lenses soczewki kontaktowe
contagious zakaźny
contraceptive (n) środek

antykoncepcyjny
cook (v) gotować
cooked ugotowany
cooking gotowanie
cool chłodny
corkscrew korkociąg
correct poprawny
cost (v) kosztować
cotton bawełna
cotton bud patyczek do uszu
cotton wool wata
cough (n) kaszel; **I have a cough** mam kaszel
cough (v) kasłać
count liczyć
country kraj
countryside krajobraz
course: of course oczywiście
cover (n) przykrywka
cover (v) przykrywać
credit card karta kredytowa **38, 52, 86**
cross (n) krzyż
cross (v) przejść
cruise rejs
cry płakać
cup filiżanka
currency waluta
customs cło
cut kroić; **I've cut myself** skaleczyłem się
cycle path ścieżka rowerowa

D

damaged uszkodzony
damp wilgotny
dance (n) taniec
dance (v) tańczyć
dangerous niebezpieczny
dark ciemny; **dark blue** ciemnoniebieski
date (from) datować się (z)
date (n) data; **out of date** przestarzały
date of birth data urodzenia

daughter córka
day dzień; **the day after tomorrow** pojutrze; **the day before yesterday** przedwczoraj
dead zmarły
deaf głuchy
dear drogi
debit card karta debetowa
December grudzień
declare (at customs) zgłaszać do oclenia
deep głęboki
degrees (temperature) stopnie
delay opóźniać
delayed opóźniony
deli delikatesy
dentist dentysta
deodorant dezodorant
department dział
department store dom towarowy
departure (of bus, train) odjazd; (of plane) odlot
depend: that depends (on) to zależy (od)
deposit (n) kaucja; (for flat, car) depozyt
dessert deser **49**
develop: I want to have a film developed chcę wywołać film **93**
diabetes cukrzyca
dialling code numer kierunkowy
diarrhoea: I have diarrhoea mam biegunkę
die umierać
diesel diesel; olej napędowy
diet dieta; **I'm on a diet** jestem na diecie
different (from) inny (od)
difficult trudny
digital camera aparat cyfrowy
dinner kolacja; **we're having dinner** jemy kolację
direct bezpośredni
direction kierunek
directory (telephone) książka telefoniczna

directory enquiries informacja telefoniczna
dirty brudny
disabled niepełnosprawny
disaster katastrofa
disco dyskoteka
discount rabat **73**; **can you give us a discount?** czy może nam Pan/Pani dać rabat?
discount fare bilet ulgowy
dish danie; **dish of the day** danie dnia
dishes naczynia; **I'll do the dishes** ja pozmywam
dish towel ścierka
dishwasher zmywarka
disinfect zdezynfekować
disposable jednorazowego użytku
disturb przeszkadzać; **do not disturb** nie przeszkadzać
diving: I'd like to go diving chciałbym ponurkować
do robić; **do you have a light?** czy ma Pan/Pani ogień?
doctor doktor **109**
door drzwi
door code kod do drzwi
downstairs na dole
draught beer piwo beczkowe
dress: I need to get dressed muszę się ubrać
dressing dressing
drink *(n) (non-alcoholic)* napój; *(alcoholic)* drink; **I'd like to go for a drink** mam ochotę pójść na drinka
drink *(v)* pić
drinking water woda pitna
drive *(v)* prowadzić samochód
drive: let's go for a drive chodźmy się przejechać
driving licence prawo jazdy
drops krople
drown tonąć
drugs narkotyki
drunk pijany
dry *(adj) (objects)* suchy; *(wine)* wytrawne
dry *(v)* suszyć
dry cleaner's pralnia chemiczna
duck kaczka
during podczas; **during the week** w tygodniu
dustbin pojemnik na śmieci
duty chemist's apteka dyżurna

E

each każdy; **each one** każdy
ear ucho
early wcześnie
earplugs zatyczki do uszu
earrings kolczyki
earth ziemia
east wschód; **in the east** na wschodzie; **(to the) east of** na wschód od
Easter Wielkanoc
easy łatwy
eat jeść **46**
economy class klasa ekonomiczna
Elastoplast® plaster (z opatrunkiem)
electric elektryczny
electricity prąd
electricity meter licznik prądu
electric shaver maszynka do golenia
e-mail e-mail
e-mail address adres mailowy **17, 100**
embassy ambasada
emergency nagły wypadek **117**; **in an emergency** w razie wypadku
emergency exit wyjście awaryjne
empty pusty
end *(n)* koniec; **at the end of** na końcu; **at the end of the street** na końcu ulicy
engaged zajęty
engine silnik
England Anglia
English angielski; **I'm English** jestem Anglikiem *(m)*/Angielką *(f)*
enjoy: enjoy your meal! smacznego!; **we're enjoying ourselves** dobrze się bawimy

enough wystarczy; **that's enough** wystarczy
entrance wejście
envelope koperta
epileptic epileptyk
equipment sprzęt
espresso espresso
Eurocheque euroczek
Europe Europa
European *(adj)* europejski
European *(n)* Europejczyk
evening wieczór; **in the evening** wieczorem
every każdy; **every day** codziennie
everybody, everyone każdy
everywhere wszędzie
except poza; **everyone except for me** wszyscy poza mną
exceptional wyjątkowy
excess baggage nadbagaż
exchange *(v)* wymieniać
exchange rate kurs wymiany
excuse *(n)* wymówka
excuse: excuse me przepraszam
exhaust (pipe) rura wydechowa
exhausted wykończony
exhibition wystawa **72**
exit wyjście
expensive drogi
expiry date data ważności
express *(adj)* ekspresowy
expresso espresso
extra dodatkowy
eye oko

F

face twarz
facecloth myjka do twarzy
fact fakt; **in fact** rzeczywiście
faint zemdleć
fair: *(adj)* it's not fair to nie fair
fall *(v)* spadać; **I'm falling asleep** zasypiam; **he's fallen ill** zachorował
family rodzina
far daleko; **far from** daleko od

fare bilet
fast *(adj)* szybki
fast *(adv)* szybko
fast-food restaurant restauracja fast food
fat gruby
father ojciec
favour przysługa; **can you do me a favour?** czy mógłbyś wyświadczyć mi przysługę?
favourite ulubiony
fax faks
February luty
fed up: I'm fed up with it! mam tego dość!
feel czuć (się) **110**; **I feel good/bad** czuję się dobrze/źle
feeling uczucie
ferry prom
festival festiwal
fetch: I'll go and fetch them/it odbiorę ich/przyniosę to
fever gorączka; **I have a fever** mam gorączkę
few kilka
fiancé narzeczony
fiancée narzeczona
fight walka; *(argument)* kłótnia
fill napełnić
fill in, fill out *(a form)* wypełnić
fill up: I need to fill up with petrol muszę zatankować
filling *(in tooth)* plomba
film film **93**
finally w końcu
find znajdować
fine *(adj)* dobry; **I'm fine** mam się dobrze
fine *(n)* grzywna
finger palec
finish kończyć
fire ogień; **fire!** pali się!
fire brigade straż pożarna
fireworks fajerwerki
first pierwszy; **first (of all)** po pierwsze

first class pierwsza klasa
first floor pierwsze piętro
first name imię
fish (n) ryba
fishmonger's sklep rybny
fitting room przymierzalnia
fizzy gazowany
flash flesz
flask butelka; termos
flat (adj) płaski; **I have a flat tyre** złapałem gumę
flat (n) mieszkanie
flavour smak
flaw skaza
flight lot
flip-flops klapki
floor podłoga; **on the floor** na podłodze
flu grypa
fly (n) mucha
fly (v) latać
food jedzenie
food poisoning zatrucie pokarmowe
foot stopa; **we're going on foot** idziemy na piechotę
for: **for an hour** przez godzinę; **we're here for a week** jesteśmy tu przez tydzień; **for you** dla ciebie
forbidden zabronione
forecast (n) prognoza
forehead czoło
foreign zagraniczny
foreigner obcokrajowiec
forest las
fork widelec
former były
forward (adv) do przodu
four-star petrol etylina 98
fracture złamanie
fragile kruchy
free (adj) (not occupied) wolny; (costing nothing) bezpłatny **71**
freezer zamrażarka
Friday piątek
fridge lodówka
fried smażony

friend przyjaciel
from: **from ... to ...** od ... do ...; **I'm from England** jestem z Anglii
front przód; **in front of** przed
fry smażyć
frying pan patelnia
full pełny; **full of people** pełny ludzi
full board pełne wyżywienie
full fare, full price cały bilet
funfair wesołe miasteczko
fuse bezpiecznik

G

gallery galeria
game gra
garage garaż **32**
garden ogród
gas gaz
gas cylinder butla gazowa
gastric flu grypa żołądkowa
gate (in wall) brama; (at airport) wyjście
gauze gaza
gay (adj) gejowski
gay (n) gej
gearbox skrzynia biegów
general (adj) ogólny
gents' (toilet) toaleta męska
get dostawać
get off, get out of (vehicle) wysiadać
get up wstawać
gift wrap papier ozdobny
girl dziewczyna
girlfriend dziewczyna
give dawać
give back oddawać
glass (material) szkło; **a glass of water** szklanka wody; **a glass of wine** kieliszek wina
glasses okulary
gluten-free bezglutenowy
go (of person) iść; (of vehicle) jeździć; **we're going to Warsaw/to Poland** jedziemy do Warszawy/do Polski; **we're going home tomorrow**

jediemy jutro do domu
go away! odejdź!
go in wchodzić
go out wychodzić
go with iść z
golf golf
golf course pole golfowe
good dobry; **good morning** dzień dobry; **good afternoon** dzień dobry; **good evening** dobry wieczór
goodbye do widzenia
goodnight dobranoc
goods towary
GP lekarz pierwszego kontaktu
grams gramy
grass trawa
great wspaniały
Great Britain Wielka Brytania
green zielony
grey szary
grocer's sklep spożywczy
ground ziemia; **on the ground** na ziemi
ground floor parter
grow rosnąć
guarantee gwarancja
guest gość
guest house pensjonat
guide przewodnik
guidebook przewodnik
guided tour wycieczka z przewodnikiem
gynaecologist ginekolog

H

hair włosy
hairdresser fryzjer
hairdrier suszarka
half pół; **half a litre/kilo** pół litra/kilo; **half an hour** pół godziny
half-board śniadania i obiadokolacje
half-pint: a half-pint (of beer) małe piwo
hand ręka
hand luggage bagaż podręczny **26**

handbag torebka damska
handbrake hamulec ręczny
handicapped niepełnosprawny
handkerchief chusteczka
hand-made ręcznie robiony
hangover kac
happen wydarzać się
happy szczęśliwy
hard twardy; (difficult) trudny
hat kapelusz
hate nienawidzieć
have mieć
have to musieć; **I have to go** muszę iść
hay fever katar sienny
he on
head głowa
headache: I have a headache boli mnie głowa
headlights światła przednie
health zdrowie
hear słyszeć
heart serce
heart attack zawał
heat gorąco
heating ogrzewanie
heavy ciężki
hello dzień dobry
helmet kask
help (n) pomoc; **call for help!** zawołaj pomoc!; **help!** ratunku!
help (v) pomagać **117**
her jej
here tutaj; **here is/are** tu jest/są
hers jej
herself (independently) sama
hi! cześć!
hi-fi hi-fi
high wysoki
high blood pressure wysokie ciśnienie krwi
hiking: we like to go hiking in the mountains lubimy chodzić po górach
hill wzgórze
him jego

himself (independently) sam
hip biodro
hire (v) wynajmować **33, 77, 79**
hire: (n) **car hire** wynajem
  samochodu
his jego
hitchhike jeździć autostopem
hitchhiking autostop
hold trzymać
hold on! (on the phone) chwileczkę!
holiday(s) wakacje; **on holiday** na
  wakacjach **16**
home dom; **at home** w domu; **to go
  home** iść do domu
homosexual (adj) homoseksualny
homosexual (n) homoseksualista
honest uczciwy
honeymoon miesiąc miodowy
horse koń
hospital szpital
hot gorący; **it's hot** jest gorąco; **hot
  drink** coś ciepłego do picia; **I'm hot**
  gorąco mi
hot chocolate gorąca czekolada
hotel hotel
hotplate płyta do podgrzewania
  potraw
hour godzina; **an hour and a half**
  półtorej godziny
house dom
housework prace domowe; **I do all
  the housework** robię wszystko w
  domu
how jak; **how are you?** co słychać?
hunger głód
hungry: I'm hungry jestem głodny
hurry (up) pospieszyć się
hurry: I'm in a hurry spieszę się
hurt: it hurts boli; **my back hurts**
  bolą mnie plecy **111**
husband mąż

I

I ja; **I'm 22 (years old)** mam 22 lata
ice lód

ice cube kostka lodu
identity card dowód tożsamości
identity papers dokumenty
  tożsamości
if jeśli
ill chory
illness choroba
important ważny
in: in England w Anglii; **in 2007** w
  2007; **in Polish** po polsku; **in the
  19th century** w dziewiętnastym
  wieku; **in an hour** za godzinę
included (in price) wliczony **42, 52**
independent niezależny
indicator (on car) kierunkowskaz
infection infekcja
information informacja **71**
injection zastrzyk
injured ranny
insect insekt
insecticide środek owadobójczy
inside wewnątrz
insomnia bezsenność
instant coffee kawa rozpuszczalna
instead zamiast
insurance ubezpieczenie
intend mieć zamiar
international międzynarodowy
international money order
  zagraniczny przekaz pieniężny
Internet internet
Internet café kawiarnia internetowa
  100
invite zapraszać
Ireland Irlandia
Irish irlandzki; **I'm Irish** jestem
  Irlandczykiem (m)/Irlandką (f)
iron (n) żelazko
iron (v) prasować
island wyspa
it to; **it's beautiful** jest pięknie; **it's
  warm** jest ciepło
itchy: it's itchy drapie mnie
itemize: itemized bill rachunek
  szczegółowy

J

jacket *(for women)* żakiet; *(for men)* marynarka
January styczeń
jetlag jetlag
jeweller's jubiler
jewellery biżuteria
job praca
jogging jogging
journey podróż
jug dzbanek
juice sok
July lipiec
jumper pulower
June czerwiec
just: just before tuż przed; **just a little** tylko trochę; **just one** tylko jeden; **I've just arrived** właśnie przyjechałem; **just in case** na wszelki wypadek

K

kayak kajak eskimoski
keep trzymać
key klucz 33, 42
kidney nerka
kill zabijać
kilometre kilometr
kind: what kind of ...? jaki rodzaj ...?
kitchen kuchnia
knee kolano
knife nóż
knock down powalić; *(with a car)* potrącić
know *(person)* znać; *(something)* wiedzieć; **I don't know** nie wiem

L

ladies' (toilet) toaleta damska
lake jezioro
lamp lampa
landscape krajobraz
language język

laptop laptop
last *(adj)* ostatni; **last year** w zeszłym roku
last *(v)* trwać
late późno
late-night opening nocne otwarcie
laugh *(v)* śmiać się
launderette pralnia samoobsługowa
lawyer prawnik
leaflet ulotka
leak *(v)* cieknąć
learn uczyć się
least: the least najmniej; **at least** przynajmniej
leave zostawiać
left lewo; **turn left!** skręć w lewo!; **on your left** na lewo
left-luggage (office) przechowalnia bagażu
leg noga
lend pożyczyć
lenses soczewki
less mniej; **less than** mniej niż
let *(allow)* pozwolić
letter list
letterbox skrzynka na listy
library biblioteka
life życie
lift *(n) (elevator)* winda; **can you give me a lift to ...?** możesz mnie podwieźć do ...?
light *(adj)* jasny; **light blue** jasnoniebieski
light *(n)* światło; **do you have a light?** ma Pan/Pani ogień?
light *(v)* zapalać
light bulb żarówka
lighter zapalniczka
lighthouse latarnia
like *(adv)* jak
like *(v)* lubić; **I'd like ...** chciałbym ...
line linia 30
lip warga
listen słuchać
listings magazine informator kulturalny

litre litr
little *(adj)* mały
little *(adv)* mało
live *(be alive)* żyć; *(have home)* mieszkać
liver wątroba
living room pokój dzienny
local time czas lokalny
lock *(n)* zamek
lock *(v)* zamknąć na klucz
long długi; **a long time** długi czas; **how long?** jak długo?
look patrzeć; **you look tired** wyglądasz na zmęczonego
look after opiekować się
look at patrzeć na
look for szukać
look like wyglądać jak
lorry ciężarówka
lose gubić 33; **I'm lost** zgubiłem się
lot: a lot (of) dużo
loud głośny
low niski
low blood pressure niskie ciśnienie krwi
low-fat niskotłuszczowy
luck szczęście
lucky: we're lucky mamy szczęście
luggage bagaż 26
lukewarm letni
lunch lunch; **what time do we have lunch?** o której jest lunch?
lung płuco
luxury *(adj)* luksusowy
luxury *(n)* luksus

M

magazine czasopismo
maiden name nazwisko panieńskie
mail poczta
main główny
main course danie główne
make robić
man mężczyzna
manage *(a business)* zarządzać; *(succeed)* zdołać

manager kierownik
many dużo; **how many?** ile?; **how many times?** ile razy?
map mapa 12, 64, 71
March marzec
market rynek 87
married *(man)* żonaty; *(woman)* zamężna
mass *(in church)* msza
match *(for fire)* zapałka; *(game)* mecz
material materiał
matter: it doesn't matter *(it's not important)* to nie ma znaczenia; *(never mind)* nie szkodzi
mattress materac
May maj
maybe może
me mnie; **me too** ja też
meal posiłek
mean *(v)* znaczyć; **what does ... mean?** co znaczy ...?
medicine lekarstwo
medium *(adj)* średni; *(steak)* średniowysmażony
meet spotykać 64
meeting spotkanie
member członek
menu menu
message wiadomość
meter *(in taxi)* taksometr; *(for parking)* parkometr
metre metr
microwave *(n)* mikrofalówka
midday południe
middle środek; **in the middle of the road** na środku drogi; **in the middle of April** w połowie kwietnia
midnight północ
might: it might rain może padać
mill młyn
mind: I don't mind nie przeszkadza mi to
mine mój; **it's mine** to moje
mineral water woda mineralna
minister minister

minute minuta; **at the last minute** w ostatniej chwili

mirror lustro

Miss Pani

miss *(train, bus)* spóźnić się **27, 39**; **we missed the train** spóźniliśmy się na pociąg; **there are two ... missing** brakuje dwóch ...

mistake błąd **52**; **I've made a mistake** popełniłem błąd

mobile (phone) komórka **103**

modern nowoczesny

moisturizer krem nawilżający

moment chwila; **at the moment** w tej chwili

monastery klasztor

Monday poniedziałek

money pieniądze

month miesiąc

monument pomnik

mood: he's in a good/bad mood on jest w dobrym/złym humorze

moon księżyc

moped motorower

more więcej; **more than** więcej niż; **much more, a lot more** dużo więcej; **there's no more ...** nie ma więcej ...

morning poranek

morning-after pill pigułka wczesnoporonna **114**

mosquito komar

most: the most najwięcej; **most people** większość ludzi

mother matka

motorbike motorower

motorway autostrada

mountain góra

mountain bike rower górski

mountain shelter schronisko górskie

mouse mysz

mouth usta

movie film

Mr Pan

Mrs Pani

much: how much? ile?; **how much is it?, how much does it cost?** ile to kosztuje?

muscle mięsień

museum muzeum

music muzyka

must musieć; **it must be 5 o'clock** musi być piąta; **I must go** muszę iść

my mój

myself *(independently)* sam

N

nail *(n) (on finger, toe)* paznokieć; *(metal)* gwóźdź

naked nagi

name imię; **my name is ...** nazywam się ...

nap drzemka; **I'd like to have a nap after lunch** chciałbym się przespać po obiedzie

napkin serwetka

nappy pielucha

national holiday święto narodowe

nature natura

near blisko; **near the beach** przy plaży; **the nearest ...** najbliższy ...

necessary konieczny

neck szyja

need potrzebować

neighbour sąsiad

neither: neither do I ja też nie; **neither ... nor ...** ani ... ani ...

nervous: I'm nervous about the flight denerwuję się lotem

never nigdy

new nowy

New Year Nowy Rok

news wiadomości

newspaper gazeta

newspaper kiosk kiosk

newsstand stoisko z gazetami

next następny

nice miły

night noc **39, 41**

nightclub klub nocny

nightdress koszula nocna

no nie; **no, thank you** nie dziękuję; **no idea** nie mam pojęcia

nobody nikt

noise hałas; **they made so much noise last night I couldn't sleep!** tak strasznie wczoraj hałasowali, że nie mogłem spać!

noisy głośny

non-drinking water woda niezdatna do picia

none żaden

non-smoker niepalący

noon południe

north północ; **in the north** na północy; **(to the) north of** na północ od

nose nos

not nie; **not yet** jeszcze nie; **not any** żaden; **not at all** *(responding to thanks)* nie ma za co

note notatka

notebook zeszyt

nothing nic

novel powieść

November listopad

now teraz

nowadays obecnie

nowhere nigdzie

number numer

nurse pielęgniarka

O

o'clock: one o'clock pierwsza; **three o'clock** trzecia

obvious oczywisty

October październik

of *see grammar*

offer *(n)* oferta

offer *(v)* proponować

often często

oil olej

ointment maść

OK Ok

old stary; **how old are you?** ile masz lat?; **old people** starsi ludzie

old town stare miasto

on: it's on at ... zaczyna się o ...; **on Friday** w piątek; **on the plane** w samolocie; **on foot** pieszo

once raz; **once a day/an hour** raz dziennie/na godzinę

one jeden

only tylko

open *(adj)* otwarty

open *(v)* otwierać

operate obsługiwać

operation: I've just had an operation niedawno miałem operację

opinion opinia; **in my opinion** według mnie

opportunity szansa

opposite *(n)* przeciwieństwo

opposite *(prep)* naprzeciwko

optician optyk

or lub

orange pomarańcza

orchestra orkiestra

order *(n)* porządek; **out of order** zepsuty

order *(v)* rozkazywać **48, 85**

organic organiczny

organize organizować

other inny; **others** inni; **the other one** ten drugi

otherwise *(or else)* w przeciwnym razie; *(apart from)* poza tym

our nasz

ours nasz

outside na zewnątrz

outward journey podróż tam

oven piekarnik

over: over there tam

overdone *(steak)* przesmażony

overweight: my luggage is overweight mam nadbagaż

owe być winnym **51, 86**

own *(adj)* własny; **my own car** mój własny samochód

own *(v)* posiadać

owner właściciel

pack: **I've packed my suitcase
myself** sam zapakowałem swoją
walizkę
packed *(crowded)* pełny; **packed
lunch** prowiant
packet paczka
painting obraz
pair para; **a pair of pyjamas** piżama;
a pair of shorts szorty
palace pałac
pants *(underwear)* majtki
paper papier; **paper napkin**
serwetka papierowa; **paper tissue**
chusteczka higieniczna
parcel paczka
pardon? słucham?
parents rodzice
park *(n)* park
park *(v)* parkować
parking space miejsce do
zaparkowania
part część; **it's a part of ...** to jest
część ...
party impreza
pass *(n)* przepustka
pass *(v)* minąć
passenger pasażer
passport paszport
past *(time)* po; **a quarter past ten**
kwadrans po dziesiątej; **please go
past that building and ...** musisz
minąć ten budynek i ...
path ścieżka
patient *(n)* pacjent
pay *(v)* płacić; zapłacić **86**
pedestrian pieszy
pedestrianized precinct strefa ruchu
pieszego
pee *(v)* sikać
peel *(v)* obierać
pen *(ballpoint)* długopis
pencil ołówek
people ludzie
percent procent

perfect doskonały
perfume perfumy
perhaps może
period okres
person osoba
personal stereo Walkman®
petrol benzyna
petrol station stacja benzynowa **32**
phone *(n)* telefon
phone *(v)* dzwonić do
phone box budka telefoniczna **103**
phone call telefon; **I need to make a
phone call** muszę wykonać telefon
phonecard karta telefoniczna **103**
phone number numer telefonu
photo zdjęcie; **could you take a
photo of us?** czy mógłby nam Pan
zrobić zdjęcie?
picnic piknik; **where can we have a
picnic?** gdzie możemy zrobić piknik?
piece kawałek; **a piece of cake**
kawałek ciasta; **a piece of fruit**
trochę owoców
piles hemoroidy
pill pigułka; **I'm on the pill** biorę
pigułkę
pillow poduszka
pillowcase poszewka na poduszkę
PIN (number) numer PIN
pink różowy
pity: **it's a pity** szkoda
place miejsce
plan *(n)* plan
plan *(v)* planować
plane samolot
plant roślina
plaster plaster
plaster (cast) gips
plastic plastikowy
plastic bag reklamówka
plate talerz
platform peron **29**
play *(n)* *(in theatre)* sztuka
play *(v)* grać
please proszę
pleased zadowolony; **pleased to**

meet you! miło mi Pana/Panią poznać!
pleasure przyjemność
plug *(electrical)* wtyczka; *(in bath, sink)* korek
plug in włączyć do kontaktu
plumber hydraulik
point *(n)* punkt
police policja
police station komisariat 117
police woman policjantka
policeman policjant
poor biedny
port port
portrait portret
possible możliwy
post *(n)* poczta
post office poczta 98, 99
postbox skrzynka na listy 98
postcard pocztówka
postcode kod pocztowy
poster plakat
poste restante poste restante
postman listonosz
pot *(n)* garnek
pound *(money)* funt
powder puder
practical praktyczny
pram wózek dziecięcy
prefer woleć
pregnant w ciąży 112
prepare przygotować
present *(n) (gift)* prezent
press *(v)* naciskać
pressure ciśnienie
previous poprzedni
price cena
private prywatny
prize nagroda
probably prawdopodobnie
problem problem
procession pochód
product produkt
profession zawód
programme program
promise obiecywać

propose *(suggest)* proponować
protect ochraniać
proud (of) dumny (z)
public *(adj)* publiczny
public *(n)* publiczność
public holiday dzień ustawowo wolny od pracy
pull ciągnąć
purple fioletowy
purpose: on purpose celowo
purse *(for money)* portmonetka
push pchać
pushchair spacerówka
put położyć
put out *(light, fire)* zgasić
put up *(tent)* rozbić
put up with znosić

Q

quality jakość; **of good/bad quality** wysoka/niska jakość
quarter ćwiartka; **a quarter of an hour** kwadrans; **a quarter to ten** za kwadrans dziesiąta
quay nabrzeże
question pytanie
queue *(n)* kolejka
queue *(v)* stać w kolejce
quick szybki
quickly szybko
quiet cichy
quite całkiem; **quite a lot of** sporo

R

racist rasista
racket *(for sports)* rakieta
radiator kaloryfer
radio radio
radio station stacja radiowa
rain *(n)* deszcz
rain: *(v)* **it's raining** pada
raincoat płaszcz przeciwdeszczowy
random: at random losowo
rape *(n)* gwałt

rare rzadki; *(steak)* krwisty
rarely rzadko
rather raczej
raw surowy
razor maszynka do golenia
razor blade żyletka
reach dotrzeć
read czytać
ready gotowy
reasonable *(price)* rozsądny
receipt paragon 86, 113
receive otrzymać
reception recepcja; **at reception** na recepcji 41
receptionist recepcjonistka
recipe przepis
recognize *(remember)* rozpoznać
recommend polecić 46
red czerwony; *(hair)* rude
red light czerwone światło
red wine czerwone wino
reduce zredukować
reduction *(price)* zniżka
refrigerator lodówka
refund *(n)* zwrot; **can I get a refund?** czy mogę dostać zwrot pieniędzy?
refund *(v)* zwracać
refuse odmówić
registered zarejestrowany
registration number numer rejestracyjny
remember pamiętać
remind przypominać
remove usuwać
rent *(n)* czynsz
rent *(v)* wynajmować 42
rental car wynajęty samochód
reopen ponownie otworzyć
repair zreperować 33; **where can I get it repaired?** gdzie mogę to zreperować?
repeat powtarzać 9
reserve zarezerwować 39, 47
reserved zarezerwowane
rest *(v)* odpoczywać
rest: *(n)* **the rest** reszta

restaurant restauracja 46
return *(v)* wracać
return (ticket) bilet powrotny
reverse gear wsteczny bieg
reverse-charge call rozmowa na koszt rozmówcy 103
rheumatism reumatyzm
rib żebro
right *(entitlement)* prawo; **I have the right to ...** mam prawo do ...; **turn right!** skręć w prawo!; **on your right** na prawo; **right beside** tuż obok; **right away** natychmiast
ring *(n)* *(jewellery)* pierścionek
ripe dojrzały
rip-off zdzierstwo
risk *(n)* ryzyko
river rzeka
road droga
road sign znak drogowy
rock skała
room pokój 39
rosé wine wino różowe
round okrągły
roundabout rondo
rubbish śmieci; **please take the rubbish out** proszę wyrzucić śmieci
rucksack plecak
rug *(carpet)* dywanik
ruins ruiny; **in ruins** w gruzach
run out: I've run out of petrol skończyła mi się benzyna

S

sad smutny
safe bezpieczny
safety bezpieczeństwo
safety belt pas bezpieczeństwa
sail *(v)* żeglować
sailing żeglarstwo; **I'd like to go sailing** chciałbym popływać żaglówką
sale *(cheap price)* wyprzedaż; **for sale** na sprzedaż
salt sól

salted solony
salty słony
same: the same taki sam **51**
sand piasek
sandals sandały
sanitary towel podpaska
Saturday sobota
saucepan rondel
save *(money)* oszczędzić; *(rescue)* ratować; *(on computer)* zapisać
say mówić; **how do you say ... ?** jak się mówi ...?
scared: I'm scared (of) boję się
scenery krajobraz
scissors nożyczki
scoop: one/two scoop(s) *(of ice cream)* jedna kulka/dwie kulki
scooter skuter
scotch *(whisky)* szkocka whisky
Scotland Szkocja
Scottish szkocki; **I'm Scottish** jestem Szkotem *(m)*/Szkotką *(f)*
scuba diving nurkowanie z akwalungiem
sea morze
sea view widok na morze
seafood owoce morza
seasick: I'm seasick mdli mnie
season sezon
seat siedzenie **24**
second *(adj)* drugi; **second class** druga klasa
second *(n) (unit of time)* sekunda
secondary school szkoła średnia
second-hand używany
secure *(adj) (safe)* bezpieczny
security ochrona
see widzieć; **see you later!** do zobaczenia!; **see you soon!** na razie!; **see you tomorrow!** do jutra!
seem wydawać się; **it seems that ...** wydaje się, że ...
seldom rzadko
sell sprzedawać
Sellotape® taśma klejąca

send wysyłać
sender nadawca
sense: that doesn't make any sense to nie ma sensu
sensitive wrażliwy
sentence zdanie
separate *(adj) (not together)* oddzielny
September wrzesień
serious poważny
several kilka
sex *(gender)* płeć; *(intercourse)* seks
shade cień; **in the shade** w cieniu
shame: it's a shame szkoda
shampoo szampon
shape *(n)* kształt
share *(v)* dzielić
shave *(v)* golić się
shaving cream krem do golenia
shaving foam pianka do golenia
she ona
sheet prześcieradło
shellfish małż
shirt koszula
shock *(n)* szok
shocking szokujący
shoes buty
shop sklep
shop assistant sprzedawca
shopkeeper sklepikarz
shopping zakupy; **I need to do some shopping** muszę zrobić zakupy
shopping centre centrum handlowe
short krótki; **I'm two ... short** brakuje mi dwóch ...
short cut skrót
shorts szorty
short-sleeved z krótkimi rękawami
shoulder ramię
show *(n)* show
show *(v)* pokazywać
shower prysznic; **I'm going to take a shower** idę wziąć prysznic
shower gel żel pod prysznic
shut *(adj)* zamknięty
shuttle bus shuttle bus

shy nieśmiały
sick *(adj)* chory; **I feel sick** niedobrze mi
side strona
sign *(n)* znak
sign *(v)* podpisywać
signal sygnał
signature podpis
silent cichy
silver *(adj)* srebrny
silver *(n)* srebro
silver-plated posrebrzany
since od
sing śpiewać
singer śpiewak
single *(adj)* *(unmarried)* wolny; **single (ticket)** bilet w jedną stronę; **single room** pokój jednoosobowy
sister siostra
sit down siadać
size rozmiar
ski boots buty narciarskie
ski lift wyciąg
ski pole kijek narciarski
ski resort ośrodek narciarski
skiing jazda na nartach; **I want to go skiing** chcę pojeździć na nartach
skin skóra
skirt spódnica
skis narty
sky niebo
skyscraper wieżowiec
sleep *(n)* sen
sleep *(v)* spać
sleeping bag śpiwór
sleeping pill pigułka nasenna
sleepy: I'm sleepy jestem śpiący
sleeve rękaw
slice *(of bread)* kromka; *(of tart, cake)* kawałek; *(of meat)* plaster
sliced pokrojony
slide zjeżdżalnia
slow wolny
slowly wolno
small mały
smell *(n)* zapach

smell *(v)* pachnieć; **it smells good/bad** to ładnie/brzydko pachnie
smile *(n)* uśmiech
smile *(v)* uśmiechać się
smoke *(n)* dym
smoke *(v)* palić papierosy
smoker palacz
snack przekąska
snow *(n)* śnieg
snow: it's snowing pada śnieg
so więc; **so that** żeby
soap mydło
soccer futbol
socket *(electrical)* gniazdko
socks skarpetki
some *(several)* kilka
somebody, someone ktoś
something coś; **something else** coś innego
sometimes czasami
somewhere gdzieś; **somewhere else** gdzie indziej
son syn
song piosenka
soon wkrótce
sore: I have a sore throat boli mnie gardło; **I have sore muscles** mam zakwasy
sorry! przepraszam!
south południe; **in the south** na południu; **(to the) south of** na południe od
souvenir pamiątka
spare *(time)* wolny; **spare parts** części zapasowe; **spare tyre** koło zapasowe
spark plug świeca zapłonowa
speak mówić **8, 10, 104, 117**
special specjalny; **today's special** danie dnia **49**
speciality specjalność
speed prędkość; **at full speed** z maksymalną prędkością
spell *(v)* literować; **how do you spell it?** jak to się pisze?
spend *(money)* wydawać

spice przyprawa
spicy ostry
spider pająk
splinter drzazga
spoil zepsuć
sponge gąbka
spoon łyżka
sport sport
sports ground boisko
sporty: I'm not very sporty nie przepadam za sportem
spot *(pimple)* pryszcz; *(stain)* plama
sprain: I've sprained my ankle zwichnąłem sobie kostkę
spring *(season)* wiosna
square kwadrat; *(in a town)* plac
stadium stadion
stain plama
stained-glass windows witraże
stairs schody
stamp znaczek 99
start *(v)* zaczynać
state *(condition)* stan; *(country)* państwo
statement oświadczenie
station stacja
stay *(n)* pobyt
stay *(v)* *(remain)* zostać; *(in hotel)* zatrzymać się; **we'll stay in touch** będziemy w kontakcie
steal kraść 117
step *(n)* krok; *(part of stairs)* stopień
steps *(stairs)* schody
sticking plaster plaster opatrunkowy
still jeszcze
still water woda niegazowana
sting *(n)* użądlenie
sting *(v)* żądlić; **I've been stung by a bee** użądliła mnie pszczoła
stock: out of stock wyprzedany
stomach żołądek
stone kamień
stop *(n)* *(for buses, trams)* przystanek 30
stop *(v)* zatrzymywać (się)
stopcock zawór odcinający
storey piętro
storm burza

straight ahead, straight on prosto
strange dziwny
street ulica
strong silny
stuck *(jammed)* zablokowany
student student 24, 73
studies studia
study studiować; **I study biology** studiuję biologię
style styl
subtitled z napisami
suburb przedmieście
suffer cierpieć
suggest sugerować
suit: does that suit you? czy to Panu/Pani odpowiada?
suitcase walizka 26
summer lato
summit szczyt
sun słońce; **in the sun** na słońcu
sun cream krem do opalania
sunbathe opalać się
sunburnt: I got sunburnt dostałem poparzenia słonecznego
Sunday niedziela
sunglasses okulary przeciwsłoneczne
sunhat kapelusz od słońca
sunrise wschód słońca
sunset zachód słońca
sunstroke udar słoneczny; **I got sunstroke** dostałem udaru słonecznego
supermarket supermarket 84
supplement uzupełnienie
sure pewny
surgical spirit spirytus salicylowy
surname nazwisko
surprise *(n)* niespodzianka
surprise *(v)* zaskakiwać
sweat *(n)* pot
sweater sweter
sweet *(adj)* słodki
sweet *(n)* cukierek
swim *(v)* pływać
swim: we're going for a swim idziemy popływać

swimming pływanie
swimming pool basen
swimming trunks spodenki
  kąpielowe
swimsuit kostium kąpielowy
switchboard operator telefonistka
switch off wyłączać
switch on włączać
swollen spuchnięty
synagogue synagoga
syrup syrop

T

table stół 47, 48
tablespoon łyżka stołowa
tablet tabletka
take brać; it takes two hours to
  zajmuje dwie godziny
take off (plane) startować
takeaway na wynos
talk rozmawiać
tall wysoki
tampon tampon
tanned (from sun) opalony
tap (n) kran
taste (n) smak
taste (v) smakować
tax podatek
tax-free wolny od podatku
taxi taksówka 34
taxi driver taksówkarz
T-bar orczyk
team zespół
teaspoon łyżeczka
teenager nastolatek
telephone (n) telefon
telephone (v) dzwonić
television telewizja
tell mówić
temperature temperatura; I have a
  temperature mam temperaturę
temporary tymczasowy
tennis tenis
tennis court kort tenisowy
tennis shoe tenisówka

tent namiot
tent peg śledź (do namiotu)
terminal terminal
terrace taras
terrible okropny
thank dziękować; thank you
  dziękuję; thank you very much
  bardzo dziękuję
thanks dzięki
that że; (in contrast to this) tamten;
  that one tamten
the see grammar
theatre teatr
theft kradzież
their ich
theirs ich
them ich
then wtedy
there tam; there is jest; there are są
therefore dlatego
thermometer termometr
Thermos® flask termos
these te; these ones te
they oni; they say that ... mówi się,
  że ...
thief złodziej
thigh udo
thin chudy
thing rzecz; things rzeczy
think (about) myśleć (o)
thirst pragnienie
thirsty: I'm thirsty chce mi się pić
this ten; this one ten; this evening
  dziś wieczorem; this is to jest
those tamci; those ones tamci
throat gardło
throw rzucać
throw out wyrzucać
Thursday czwartek
ticket bilet 24, 65, 66
ticket office kasa biletowa
tidy (v) posprzątać
tie (n) krawat
tight ciasny
tights rajstopy
time czas; what time is it? która

godzina?; **from time to time** od
czasu do czasu; **on time** na czas;
three/four times trzy/cztery razy
time difference różnica czasu
timetable rozkład jazdy 24
tinfoil folia aluminiowa
tip *(n) (money)* napiwek
tired zmęczony
tobacco tytoń
today dzisiaj
together razem
toilet toaleta 8, 47
toilet bag kosmetyczka
toilet paper papier toaletowy
toiletries kosmetyki
toll *(motorway)* opłata za autostradę
tomorrow jutro; **tomorrow evening**
jutro wieczorem; **tomorrow**
morning jutro rano
tongue język
tonight dziś wieczorem
too: too bad jaka szkoda; **too many**
za dużo; **too much** za dużo
tooth ząb; **teeth** zęby
toothbrush szczoteczka do zębów
toothpaste pasta do zębów
top *(n) (of mountain)* szczyt; **at the**
top na górze
torch *(flashlight)* latarka
touch dotykać
tourist turysta
tourist information centre biuro
informacji turystycznej 71
towards w kierunku
towel ręcznik
town miasto
town centre centrum miasta
town hall ratusz
toy zabawka
trade fair targi
traditional tradycyjny
traffic ruch uliczny
traffic jam korek (drogowy)
train pociąg 29; **the train to**
Warsaw pociąg do Warszawy
train station stacja kolejowa

tram tramwaj
transfer *(n) (of money)* przelew
translate tłumaczyć
travel podróżować
travel agency biuro podróży
traveller's cheque czek podróżny
trip podróż; **have a good trip!** dobrej
podróży!
trolley wózek
trousers spodnie
true prawdziwy
try próbować
try on przymierzać
tube *(underground)* metro
tube station stacja metra
Tuesday wtorek
turn *(v)* skręcać
turn: *(n)* **it's your turn** twoja kolej
twice dwa razy
type *(n)* typ
type *(v)* pisać na komputerze
typical typowy
tyre opona

U

umbrella parasolka
uncomfortable niewygodny
under pod
underground *(tube)* metro
underground line linia metra
underground station stacja metra
underneath poniżej
understand rozumieć 10
underwear bielizna
United Kingdom Zjednoczone
Królestwo
United States Stany Zjednoczone
until aż do
upset *(adj)* zdenerwowany
upstairs na górze
urgent pilny
us nas
use używać; **it's used for ...** tego się
używa do ...; **I'm used to it** jestem
do tego przyzwyczajony

useful użyteczny
useless bezużyteczny
usually zazwyczaj
U-turn zawracanie

V

vaccinated (against) zaszczepiony (przeciw)
valid ważny
valley dolina
VAT VAT
vegetarian *(adj)* wegetariański; **vegetarian food** kuchnia wegetariańska
vegetarian *(n)* wegetarianin
very bardzo
view widok
villa willa
village wieś
visa wiza
visit *(n)* wizyta
visit *(v)* odwiedzać
volleyball siatkówka
vomit wymiotować

W

waist talia
wait czekać; **we're waiting for ...** czekamy na ...
waiter kelner
waitress kelnerka
wake up obudzić (się)
Wales Walia
walk *(v)* chodzić
walk: *(n)* **I'd like to go for a walk** chciałbym pójść na spacer
walking: we're going walking in the mountains idziemy w góry
walking boots buty turystyczne
Walkman® Walkman®
wallet portfel
want chcieć; **I want to go to Cracow** chcę pojechać do Krakowa
warm ciepły

warn ostrzegać
wash *(v)* myć (się); **I want to wash my hair** chcę umyć głowę
wash: *(n)* **I'm going to have a wash** idę się umyć
washbasin umywalka
washing machine pralka
washing powder proszek do prania
washing up: I'll do the washing up pozmywam naczynia
washing-up liquid płyn do zmywania
wasp osa
waste *(n)* *(rubbish)* śmieci; **it's a waste of time** to strata czasu
waste *(v)* marnować
watch *(n)* zegarek
watch *(v)* oglądać; **watch out!** uwaga!
water woda
water heater terma
waterproof wodoodporny
waterskiing narty wodne
wave *(n)* *(water)* fala
way *(route)* droga; *(method)* sposób
way in wejście
way out wyjście
we my
weak słaby
wear *(clothes)* nosić
weather pogoda; **the weather's bad** jest brzydka pogoda
weather forecast prognoza pogody
website strona internetowa
Wednesday środa
week tydzień
weekend weekend
welcome witać; **welcome!** witajcie!; **you're welcome** proszę bardzo
well dobrze; **I'm very well** wszystko dobrze; **well done** *(steak)* dobrze wysmażony; **I don't feel well** źle się czuję
well-known znany
Welsh walijski; **I'm Welsh** jestem Walijczykiem *(m)*/ Walijką *(f)*
west zachód; **in the west** na

zachodzie; **(to the) west of** na zachód od
wet mokry
wetsuit strój piankowy
what co; **what do you want?** co chcesz?
wheel koło; **steering wheel** kierownica
wheelchair wózek inwalidzki
when kiedy
where gdzie; **where is/are ...?** gdzie jest/są ...?; **where are you from?** skąd pochodzisz?; **where are you going?** dokąd idziesz?
which który
while podczas gdy
white biały
white wine białe wino
who kto; **who's calling?** kto mówi?
whole cały; **the whole cake** całe ciasto
whose czyj
why dlaczego
wide szeroki
wife żona
wild dziki
wind wiatr
window okno; **in the window** w oknie
windscreen przednia szyba
windsurfing windsurfing
wine wino
winter zima
with z
withdraw (money) wyjąć
without bez
woman kobieta
wonderful cudowny

wood (material) drewno; (forest) las
wool wełna
work (n) praca; **work of art** dzieło sztuki
work (v) pracować
world świat
worse gorszy; **it's getting worse** pogarsza się; **it's worse (than)** jest gorzej (niż)
worth: it's worth going there warto tam pojechać; **it's not worth 100 zlotys** to nie jest warte 100 złotych
wound (n) rana
wrist nadgarstek
write pisać **10, 86**
wrong zły

XYZ

X-ray (n) zdjęcie rentgenowskie

year rok
yellow żółty
yes tak
yesterday wczoraj; **yesterday evening** wczoraj wieczorem
you ty (sg); wy (pl)
young młody
your twój (sg); wasz (pl)
yours twój (sg); wasz (pl)
youth hostel schronisko młodzieżowe

zero zero
zip (n) suwak
zlotys złotych
zoo zoo
zoom (lens) zoom

DICTIONARY

POLISH-ENGLISH

A

adres address
adres mailowy e-mail address
akumulator battery *(for car)*
ale but
aleja avenue
alkohol alcohol
ambasada embassy
ambulans ambulance
Amerykanin *(m)*, **Amerykanka** *(f)*
American *(n)*
amerykański American *(adj)*
Angielka Englishwoman
angielski English *(adj)*
Anglia England
Anglik Englishman
ani ... ani ... neither … nor …
antybiotyk antibiotics
aparat cyfrowy digital camera
aparat fotograficzny camera
apteka chemist's
apteka dyżurna duty chemist's
artysta artist
aspiryna aspirin
astma asthma
atakować to attack
autobus bus; coach
automatyczna sekretarka answering
machine
autostop hitchhiking
autostrada motorway
awaria breakdown; **awaria zasilania**
power cut; blackout
aż do until

B

bać się to be afraid; **boję się** I'm afraid
bagaż baggage, luggage
bagaż podręczny hand baggage, hand
luggage
bagażnik boot *(in car)*
balkon balcony
balsam po opalaniu after-sun cream
bandaż bandage
bank bank
banknot banknote
bankomat cashpoint
bar bar
bardzo very
basen swimming pool
bateria battery
bawełna cotton
bawić się to play; **dobrze się bawimy**
we're enjoying ourselves
benzyna petrol
bez without
bezglutenowy gluten-free
bezpieczeństwo safety
bezpiecznik fuse
bezpieczny safe; secure
bezpłatny free of charge
bezpośredni direct
bezsenność insomnia
bezużyteczny useless
białe wino white wine
biały white
biblioteka library
bibułka papierosowa cigarette paper
biedny poor
biegunka diarrhoea
bielizna underwear
bilet ticket

bilet powrotny return (ticket)
bilet ulgowy discount fare
bilet w jedną stronę single (ticket)
biodro hip
biuro informacji turystycznej tourist office
biuro podróży travel agency
biżuteria jewellery
blisko near
błąd mistake; **popełniłem błąd** I've made a mistake
bo because
boisko sports ground
boja buoy
boleć to hurt; **boli mnie głowa** I have a headache; **boli mnie gardło** I have a sore throat
brać to take
brakować to be missing; **brakuje dwóch ...** there are two ... missing
brama gate
brat brother
brązowy brown
broda beard; chin
broszura brochure
brudny dirty
brzydki ugly; **jest brzydka pogoda** the weather's bad
budka telefoniczna phone box
budować to build
budynek building
budzik alarm clock
burza storm
butelka bottle
butelka dziecięca baby's bottle
butla gazowa gas cylinder
buty shoes; boots
buty narciarskie ski boots
buty turystyczne walking boots
być to be
być winnym to owe
były former

C

całkiem quite
cały whole; **cały bilet** full fare; **cały dzień** all day; **cały tydzień** all week; **cały czas** all the time
cel target; purpose
celowo on purpose
cena price
centrum centre
centrum handlowe shopping centre
centrum miasta town centre
centymetr centimetre
chciałbym I'd like
chcieć to want
chleb bread
chłodny chilly; cool
chodzić to walk
choroba illness
chory ill; sick
chudy thin
chusteczka handkerchief; **chusteczka higieniczna** paper tissue
chwila moment; **w tej chwili** at the moment
chwileczkę! hold on!
ciało body
ciasny tight
ciągnąć to pull
cichy quiet; silent
cieknąć to leak
ciemny dark
cień shade; **w cieniu** in the shade
ciepły warm
cierpieć to suffer
ciężarówka lorry
ciężki heavy
ciśnienie pressure
ciśnienie krwi blood pressure
cło customs
cmentarz cemetery
co what; **co słychać?** how are you?
codziennie every day
Cola Coke®
coś anything; something; **coś innego** something else

córka daughter
cudowny wonderful
cukierek sweet *(n)*
cukrzyca diabetes
cygaro cigar
cyrk circus
czarny black
czas time; **od czas do czasu** from time to time; **na czas** on time
czas lokalny local time
czasami sometimes
czasopismo magazine
czek cheque
czek podróżny traveller's cheque
czekać to wait; **czekamy na ...** we're waiting for ...
czerwiec June
czerwone światło red light
czerwone wino red wine
czerwony red
cześć! hi!; bye!
często often
część part; **części zapasowe** spare parts
członek member
czoło forehead
czuć (się) to feel; **czuję się dobrze/źle** I feel good/bad
czwartek Thursday
czyj whose
czynsz rent
czysty clean
czytać to read
ćwiartka quarter

D

daleko far; **daleko od** far from
danie dish; course; **danie dnia** dish of the day; **danie główne** main course
data date
data urodzenia date of birth
data ważności expiry date
datować się (z) to date (from)
dawać to give
delikatesy deli

denerwować się to be nervous; to worry
dentysta dentist
depozyt deposit
deser dessert
deszcz rain
dezodorant deodorant
diesel diesel
dieta diet; **jestem na diecie** I'm on a diet
dla for; **dla ciebie** for you
dlaczego why
dlatego therefore
długi long; **długi czas** a long time; **jak długo ...?** how long …?
długopis (ballpoint) pen
dno bottom
do to
do jutra! see you tomorrow!
do przodu forward
do widzenia goodbye
do zobaczenia! see you later!
dobranoc goodnight
dobry good; **dzień dobry** good morning/afternoon; **dobry wieczór** good evening; **mam się dobrze** I'm fine
dobrze well; **wszystko dobrze** I'm very well; **dobrze wysmażony** well done *(steak)*
dodatkowy extra
dojrzały ripe
dokąd: dokąd idziesz? where are you going to?
doktor doctor
dokumenty tożsamości identity papers
dolina valley
dom house; home; **w domu** at home; **iść do domu** to go home
dom towarowy department store
doskonały perfect
dostawać to get
dostęp access
dostępny available; accessible
dosyć enough

dość enough
dotrzeć to reach
dotykać to touch
dowód tożsamości identity card
drapać to scratch; to be itchy
drewno wood *(material)*
drink (alcoholic) drink; **mam ochotę pójść na drinka** I'd like to go for a drink
droga road
drogi dear, expensive
druga klasa second class
drugi second
drugie danie main course
drzazga splinter
drzemka nap
drzwi door
dumny (z) proud (of)
dużo many; a lot
duży big
dwa razy twice
dworzec autobusowy bus station
dyskoteka disco
dywanik rug
dzbanek jug
dział department
dziecko child
dzielić to share
dzieło sztuki work of art
dzień day; **dzień ustawowo wolny od pracy** public holiday
dzień dobry hello
dziewczyna girl; girlfriend
dzięki thanks
dziękować to thank
dziękuję thank you; **bardzo dziękuję** thank you very much
dziki wild
dzisiaj today
dziś wieczorem tonight
dziwny strange
dzwonić (do) to phone

E

ekspresowy express
elektryczny electric
epileptyk epileptic
etylina 98 four-star petrol
euroczek Eurocheque
Europa Europe
europejski European *(adj)*

F

fajerwerki fireworks
faks fax
fakt fact
fala wave *(on water)*
festiwal festival
filiżanka cup
film film
fioletowy purple
firma company
flesz flash
folia aluminiowa tinfoil
fryzjer hairdresser
funt pound
futbol soccer

G

galeria gallery
garaż garage
gardło throat
garnek pot
gaz gas
gaza gauze
gazeta newspaper
gazowany fizzy, sparkling
gąbka sponge
gdzie where; **gdzie jest/są ...?** where is/are ...?; **gdzie indziej** somewhere else
gdzieś somewhere
gej gay *(n)*
gejowski gay *(adj)*
ginekolog gynaecologist
gips plaster (cast)

głęboki deep
głodny hungry; **jestem głodny** I'm hungry
głośny loud, noisy
głowa head
głód hunger
główny main
głuchy deaf
gniazdko socket
godzina hour; **półtorej godziny** an hour and a half; **która godzina?** what time is it?
godzina zamknięcia closing time
gorąca czekolada hot chocolate
gorąco heat; **jest gorąco** it's hot; **gorąco mi** I'm hot
gorący hot
gorączka fever; **mam gorączkę** I have a fever
gorszy worse; **jest gorzej (niż)** it's worse (than)
gość guest
gotować to cook; to boil
gotowanie cooking
gotowy ready
gotówka cash; **mogę zapłacić gotówką?** can I pay in cash?
góra mountain; **z góry** in advance
gra game
grać to play
gram gram
grill barbecue
gruby fat
grudzień December
gruzy ruins; **w gruzach** in ruins
grypa flu
grypa żołądkowa gastric flu
grzebień comb
grzywna fine (n)
guma rubber; **guma do żucia** chewing gum; **złapałem gumę** I have a flat tyre
guz bump (on head, leg)
gwałt rape
gwarancja guarantee
gwóźdź nail (metal)

H

hałas noise
hałasować to make noise
hamować to brake
hamulec brake
hamulec ręczny handbrake
hemoroidy piles
hi-fi hi-fi
homoseksualista homosexual (n)
homoseksualny homosexual (adj)
hotel hotel
hydraulik plumber

I

i and
ich their; theirs; them
ile how much/many; **ile to kosztuje?** how much does it cost?; **ile razy ...?** how many times ...?; **ile masz lat?** how old are you?
imię name; first name
impreza party
infekcja infection
informacja information
informacja telefoniczna directory enquiries
informator kulturalny listings magazine
inni others; other people
inny other; different
insekt insect
internet Internet
Irlandczyk Irishman
Irlandia Ireland
Irlandka Irishwoman
irlandzki Irish (adj)
iść to go (on foot)

J

ja I
jacht yacht
jak how; like; as; **tak szybko jak to**

możliwe as soon as possible
jakość quality; **wysoka/niska jakość** good/bad quality
jasny light
jazda na nartach skiing; **chcę pojeździć na nartach** I want to go skiing
jeden one
jednorazowego użytku disposable
jedzenie food
jego him; his
jej her; hers
jesień autumn
jeszcze still; **jeszcze jeden** another one
jeść to eat; **jemy kolację** we're having dinner
jeśli if
jezioro lake
jeździć to go (in a vehicle); **jedziemy do Warszawy/do Polski** we're going to Warsaw/to Poland; **jedziemy jutro do domu** we're going home tomorrow
jeździć autostopem to hitchhike
jeździć na nartach to ski
jeździć na rowerze to cycle
jeździć samochodem to drive (a car)
język language; tongue
jubiler jeweller's
jutro tomorrow; **jutro wieczorem** tomorrow evening; **jutro rano** tomorrow morning
już already

K

kac hangover
kaczka duck
kajak canoe
kaloryfer radiator
kamień stone
kanał channel
kapelusz hat; **kapelusz od słońca** sunhat
kaplica chapel
karaluch cockroach

karetka ambulance
karta card
karta debetowa debit card
karta kredytowa credit card
karta telefoniczna phone card
kasa checkout
kasa biletowa ticket office
kask helmet
kasłać to cough
kaszel cough
katar sienny hay fever
katastrofa disaster
katedra cathedral
kaucja deposit; bail
kawa coffee
kawa rozpuszczalna instant coffee
kawałek piece
kawiarnia café
kawiarnia internetowa Internet café
każdy everybody; each, every
kelner waiter
kelnerka waitress
kemping campsite
kibic fan (of sports team)
kiedy when
kieliszek glass; **kieliszek wina** a glass of wine
kierownica steering wheel
kierownik manager
kierunek direction
kierunkowskaz indicator (on car)
kijek narciarski ski pole
kilka some; several; a few
kilometr kilometre
kino cinema
kiosk newspaper kiosk
klapki flip-flops
klasa ekonomiczna economy class
klasztor monastery
klatka piersiowa chest
klif cliff
klimat climate
klimatyzacja air conditioning
klub nocny nightclub
klucz key
kłótnia argument, row

kobieta woman
koc blanket
kod do drzwi door code
kod pocztowy post code
kolacja supper; dinner
kolano knee
kolczyki earrings
kolej rail(way); **twoja kolej** it's your turn
kolejka queue *(n)*
kolejny another
kolor colour
koło wheel; **koło zapasowe** spare tyre
komar mosquito
komin chimney
komisariat police station
komórka mobile (phone)
komputer computer
koncert concert
kondom condom
koniec end
konieczny necessary
konsulat consulate
kontakt contact; **będziemy w kontakcie** we'll stay in touch
koń horse
kończyć to finish
koperta envelope
korek cork *(in bottle)*; plug *(in bath, sink)*
korek drogowy traffic jam
korkociąg corkscrew
kort tenisowy tennis court
kosmetyczka toilet bag
kosmetyki toiletries
kostium kąpielowy swimsuit
kostka ankle
kostka lodu ice cube
kosz na śmieci (rubbish) bin
kosztować to cost
koszula shirt
koszula nocna nightdress
kościół church
kradzież theft
kraj country
krajobraz scenery; countryside; landscape

kran tap
kraść to steal
krawat tie
krem do golenia shaving cream
krem do opalania sun cream
krem nawilżający moisturizer
krew blood
kroić to cut
krok step
kromka slice *(of bread)*
krople drops
krótki short
kruchy fragile
krwawić to bleed
krwisty rare *(steak)*
krzesło chair
krzyż cross
książka book
książka telefoniczna (telephone) directory
księgarnia bookshop
księżyc moon
kształt shape
kto who; **kto mówi?** who's calling?
ktoś anybody; somebody
który which
kuchenka turystyczna camping stove
kuchnia kitchen
kulka scoop *(of ice cream)*; bullet
kupować to buy
kurort nadmorski seaside resort
kurs wymiany exchange rate
kwadrans quarter of an hour; **za kwadrans dziesiąta** a quarter to ten
kwiecień April

L

lampa lamp
laptop laptop
las wood; forest
latać to fly
latarka torch
latarnia lighthouse
lato summer
lekarstwo medicine

lekarz doctor; **lekarz pierwszego kontaktu** GP
lepiej better *(adv)*
lepszy better *(adj)*
letni lukewarm; summer *(adj)*
lewo left
licznik prądu electricity meter
liczyć to count
linia line
linia lotnicza airline
linia metra underground line
lipiec July
list letter
listonosz postman
listopad November
literować to spell
litr litre
lodówka refrigerator
lornetka binoculars
losowo at random
lot flight
lotnisko airport
lód ice
lub or
lubić to like
ludzie people
luksus luxury *(n)*
luksusowy luxury *(adj)*
lustro mirror
luty February
łatwy easy
łazienka bathroom
łóżko bed
łyżeczka teaspoon
łyżka spoon; **łyżka stołowa** tablespoon

M

maj May
majtki knickers; underpants
mało little *(adv)*
mały small, little *(adj)*
mapa map
marynarka jacket *(for men)*
marzec March

maszynka do golenia razor; electric shaver
maść ointment
materac mattress
materiał material
matka mother
mąż husband
mdlić: mdli mnie I feel nauseous
mecz game *(sport)*
menu menu
metr metre
metro underground *(railway)*
mężczyzna man
miasto city; town
mieć to have
mieć zamiar to intend
miejsce place
miejsce parkingowe parking space
miesiąc month
miesiąc miodowy honeymoon
mieszkać to live
mieszkanie flat *(n)*
międzynarodowy international
mięsień muscle
mikrofalówka microwave (oven)
miły nice
minąć to pass; **musisz minąć ten budynek i ...** go past that building and ...
minister minister
minuta minute
miska bowl
młody young
młyn mill
mnie me
mniej less
mogę I can, I am able to
mokry wet
moneta coin
morze sea; **nad morzem** at the seaside
most bridge
motorower moped; motorbike
może maybe, perhaps
możliwy possible
móc to be able to
mój my; mine

mówić to speak; to say; **jak się mówi ...?** how do you say …?
mrówka ant
msza mass *(in church)*
mucha fly
musieć to have to
muszę I have to, I must
muzeum museum
muzyka music
my we
myć (się) to wash
mydło soap
myjka do twarzy facecloth
mysz mouse
myśleć (o) to think (about)

N

na on; **na lotnisku/stacji** at the airport/station; **na lewo** on your left; **na dole** at the bottom; downstairs; **na górze** at the top; upstairs; **na końcu** at the end; **na piechotę** on foot; **na razie!** see you soon!; **na wakacjach** on holiday; **na wynos** takeaway; **na wypadek** in case of; **na zdrowie!** bless you!; cheers!; **na zewnątrz** outside
nabrzeże quay
naciskać to press; to pressure
naczynia dishes; **ja pozmywam naczynia** I'll do the dishes
nadawca sender
nadbagaż excess baggage; **mam nadbagaż** my luggage is overweight
nadgarstek wrist
nagi naked
nagły wypadek emergency
nagroda prize
najbliższy the nearest
najlepszy the best
najwięcej the most
namiot tent; **jedziemy pod namiot** we're going camping
napełnić to fill
napiwek tip *(money)*

napój (soft) drink
naprzeciwko opposite *(prep)*
narkotyki drugs
narty skis
narty wodne waterskiing
narzeczona fiancée
narzeczony fiancé
narzekać to complain
nas us
następny next
nastolatek teenager
nasz our; ours
natura nature
natychmiast immediately
nazwisko surname
nazwisko panieńskie maiden name
nazywać się to be called; **nazywam się ...** my name is …
nerka kidney
nic nothing
nie no; not; **nie dziękuję** no thank you; **jeszcze nie** not yet
niebezpieczny dangerous
niebieski blue
niebo sky
niedziela Sunday
niemowlę infant; baby
nienawidzieć to hate
niepalący non-smoker
niepełnosprawny handicapped, disabled
niespodzianka surprise
nieśmiały shy
niewygodny uncomfortable
niezależny independent
nigdy never
nigdzie nowhere
nikt nobody
niski low; short
niskie ciśnienie krwi low blood pressure
niskotłuszczowy low-fat
niż than; **mniej niż** less than
noc night
nocne otwarcie late-night opening
noga leg

nos nose
nosić to wear; to carry
notatka note
nowoczesny modern
nowy new
Nowy Rok New Year
nożyczki scissors
nóż knife
numer number
numer kierunkowy dialling code
numer PIN PIN (number)
numer rejestracyjny registration number
numer telefonu phone number
nurkować to dive
nurkowanie z akwalungiem scuba diving

O

o about; **o pierwszej** at one o'clock
o której? what time?; **o której jest śniadanie?** what time is breakfast?
oba both
obcokrajowiec foreigner
obecnie nowadays
obiad lunch; dinner
obiecywać to promise
obierać to peel
obok next to
obraz picture; painting
obsługiwać to operate
obudzić (się) to wake up
ocean ocean
ochraniać to protect
ochrona security
oczywisty obvious
oczywiście of course
od since; from; **od ... do ...** from ... to ...
oddawać to give back
oddzielny separate
oddzwonić to call back
odebrać to collect; to reclaim; to take back
odejdź! go away!

odjazd departure *(of bus, train)*
odlot departure *(of plane)*
odmówić to refuse
odpoczywać to rest
odpowiadać to answer; **czy to Panu/ Pani odpowiada?** does that suit you?
odpowiedź answer
odprawić się to check in *(at airport)*
odwiedzać to visit
odwołać to cancel
oferta offer
ogień fire; **czy ma Pan/Pani ogień?** do you have a light?
oglądać to watch
ogólny general *(adj)*
ogród garden
ogród botaniczny botanical garden
ogrzewanie heating
ojciec father
Ok OK
okno window; **w oknie** in the window
oko eye
okolica area; **w okolicy** in the area
około about; approximately
okrągły round
okres period
okropny terrible
okulary glasses
okulary przeciwsłoneczne sunglasses
olej oil
olej napędowy diesel
ołówek pencil
omdlenie blackout
on he
ona she
oni they
opalać się to sunbathe
opalony tanned
oparzenie burn
oparzyć się to get burnt; **oparzyłem się** I've burnt myself
operacja operation
opiekować się to look after
opinia opinion
opłata charge *(n)*
opłata za autostradę (motorway) toll

opona tyre
opóźniać to delay
opóźniony delayed
optyk optician
orczyk T-bar
organiczny organic
organizować to organize
orientacja orientation; **zmysł orientacji** sense of direction
orkiestra orchestra
osa wasp
osoba person
ostatni last
ostry spicy; sharp
ostrze blade
ostrzegać to warn
oszczędzać to save *(money)*
ośrodek narciarski ski resort
oświadczenie statement
otrzymać to receive
otwarty open
otwieracz do butelek bottle opener
otwieracz do puszek can opener
otwierać to open
owoce fruit
owoce morza seafood

P

pachnieć to smell; **to ładnie/brzydko pachnie** it smells good/bad
pacjent patient *(n)*
paczka packet, parcel
padać to drop; to fall; **pada** it's raining
pająk spider
palacz smoker
palec finger
palić (się) to burn; **palić (papierosy)** to smoke (cigarettes); **pali się!** fire!
pałac palace
pamiątka souvenir
pamiętać to remember
Pan Mr
Pani Miss; Mrs; Ms
państwo state; country; **Państwo Smith** Mr and Mrs Smith

papier paper; **papier toaletowy** toilet paper; **papier ozdobny** gift wrap
papieros cigarette
para pair
paragon receipt
parasolka umbrella
park park
park rozrywki theme park
parking car park
parkometr (parking) meter
parkować to park
parter ground floor
pas bezpieczeństwa safety belt
pasażer passenger
pasta do zębów toothpaste
paszport passport
patelnia frying pan
patrzeć (na) to look (at)
patyczek do uszu cotton bud
paznokieć nail *(on finger, toe)*
październik October
pchać to push
pełne wyżywienie full board
pełny full; crowded
pensjonat guest house
perfumy perfume
peron platform
pewny sure
pęcherz blister; bladder
pękać to burst
pianka do golenia shaving foam
piasek sand
piątek Friday
pić to drink
piec to bake
piekarnia baker's
piekarnik oven
pielęgniarka nurse
pielucha nappy
pieniądze money
pierścionek ring
pierwsza klasa first class
pierwsze piętro first floor
pierwszy first; **po pierwsze** first (of all); **pierwsza** one o'clock
pieszo on foot

pieszy pedestrian
piękny beautiful
piętro storey
pigułka pill; **pigułka nasenna** sleeping pill; **biorę pigułkę** I'm on the pill; **pigułka wczesnoporonna** morning-after pill
pijany drunk
piknik picnic
pilny urgent
piłka ball; **piłka nożna** football
piosenka song
pisać to write; **jak to się pisze?** how do you spell it?
pisać na komputerze to type
piwo piwo; **piwo beczkowe** draught beer; **małe piwo** a small beer; **duże piwo** a large beer
piżama pyjamas
plac square
plakat poster
plama stain
plan plan
planować to plan
plaster slice *(of meat)*
plaster z opatrunkiem Elastoplast®
plastykowy plastic
plaża beach
plecak rucksack
plecy back *(part of body)*
plomba filling *(in tooth)*
płacić to pay
płakać to cry
płaski flat *(adj)*
płaszcz przeciwdeszczowy raincoat
płeć gender
płuco lung
płyn do zmywania washing-up liquid
płyta do podgrzewania potraw hotplate
pływać to swim
pływanie swimming
po after; **kwadrans po dziesiątej** a quarter past ten
pobrać opłatę to charge a fee
pobyt stay *(n)*

pochód procession
pociąg train
początek beginning; **na początku** at the beginning
początkujący beginner
poczta post, mail; post office
poczta lotnicza airmail
pocztówka postcard
pod under
podatek tax
podczas during
podczas gdy while
podłoga floor; **na podłodze** on the floor
podpaska sanitary towel
podpis signature
podpisywać to sign
podróż journey; trip; **dobrej podróży!** have a good trip!; **podróż tam** outward journey
podróżować to travel
poduszka pillow; cushion
pogarszać się to get worse
pogoda weather
pojemnik na śmieci dustbin
pojutrze the day after tomorrow
pokazywać to show
pokój room; **pokój jednoosobowy** single room
pokój dzienny living room
pokrojony sliced
pole golfowe golf course
polecić to recommend
policja police
policjant policeman
policjantka policewoman
połączenie connection
połowa half; **w połowie kwietnia** in the middle of April
położyć to put
południe noon; south; **na południu** in the south; **na południe od** (to the) south of
pomagać to help
pomarańcza orange *(n)*
pomiędzy between

pomimo że although
pomnik monument
pomoc help; **zawołaj pomoc!** call for help!
pomoc drogowa breakdown service
pompka rowerowa bicycle pump
poniedziałek Monday
poniżej below; underneath
ponownie otworzyć to reopen
poparzenie słoneczne sunburn
popielniczka ashtray
popołudnie afternoon
poprawny correct
poprzedni previous
poranek morning
port port
portfel wallet
portmonetka purse
portret portrait
porządek order; tidiness
posiadać to own
posiłek meal
pospieszyć się to hurry (up)
posprzątać to tidy (up)
posrebrzany silver-plated
poste restante poste restante
poszewka na poduszkę pillowcase
pośród among
pot sweat
potrącić to knock down
potrzebować to need
potwierdzać to confirm
powalić to knock down
poważny serious
powiedzieć to tell
powieść novel
powietrze air
powtarzać to repeat
powyżej above
poza except; **wszyscy poza mną** everyone except for me
poznać to meet; to get to know; **miło mi Pana/Panią poznać!** pleased to meet you!
pozwolić to let; to allow
pożyczać to lend; to borrow

pół half; **pół litra/kilo** half a litre/kilo; **pół godziny** half an hour
północ midnight; north; **na północy** in the north; **na północ od** (to the) north of
późno late
praca work; job
prace domowe housework
pracować to work
pragnienie thirst; desire
praktyczny practical
pralka washing machine
pralnia chemiczna dry cleaner's
pralnia samoobsługowa launderette
prasować to iron
prawdopodobnie probably
prawdziwy true, real
prawie almost
prawnik lawyer
prawo right; **skręć w prawo!** turn right!; **na prawo** on your right; **mam prawo do ...** I have the right to …
prawo jazdy driving licence
prąd electricity
prezent gift, present
prezerwatywa condom
prędkość speed; **z maksymalną prędkością** at full speed
problem problem
procent percent
produkt product
prognoza forecast; **prognoza pogody** weather forecast
program programme
prom ferry
proponować to suggest; to offer
prosić to ask *(for help)*
prosto straight ahead, straight on
proszek do prania washing powder
proszę please
proszę bardzo you're welcome
prowadzić to drive; to lead
prowiant packed lunch
próbować to try; to taste
pryszcz pimple
prysznic shower

prywatny private
przebieralnia changing room
przebrać się to change *(clothes)*
przechowalnia bagażu left-luggage (office)
przeciw against
przeciwieństwo opposite *(n)*
przed before; in front of
przedmieście suburb
przednia szyba windscreen
przedwczoraj the day before yesterday
przedział compartment
przejechać się to go for a drive
przejściówka adaptor
przejść to cross
przekąska snack
przelew (bank) transfer
przepis recipe
przepraszam sorry; excuse me
przepustka pass
przesmażony overdone *(steak)*
przestarzały out of date
przeszkadzać to disturb; **nie przeszkadzać** do not disturb; **nie przeszkadza mi to** I don't mind
prześcieradło sheet *(on bed)*
przewodnik guide; guidebook
przez by; across; **przez tydzień** for a week
przeziębienie cold *(n)*
przeziębiony: jestem przeziębiony I have a cold
przód front
przy at; by; near
przychodzić to come *(of person)*
przyczepa trailer
przyczepa kempingowa caravan
przygotować to prepare
przyjaciel friend
przyjazd arrival *(of car, bus, train)*
przyjechać to arrive *(of car, bus, train)*; to come
przyjemność pleasure
przyjeżdżać to arrive *(of car, bus, train)*; to come
przyjmować to accept

przykrywać to cover
przykrywka cover
przylecieć to arrive *(of plane)*
przylot arrival *(of plane)*
przymierzać to try on
przymierzalnia fitting room
przynajmniej at least
przynosić to bring
przypominać to remind
przyprawa spice
przysługa favour; **czy mógłbyś wyświadczyć mi przysługę?** could you do me a favour?
przystanek (autobusowy) (bus) stop
pszczoła bee
publiczność public *(n)*
publiczny public *(adj)*
puder powder
pulower jumper
punkt point
punkt odprawy check-in
pusty empty
puszka tin, can
pytać to ask *(question)*
pytanie question

R

rabat discount
rachunek bill; **rachunek szczegółowy** itemized bill
raczej rather
rada advice
radio radio
radzić to advise
rajstopy tights
rakieta racket *(for sports)*; rocket
ramię arm; shoulder
rana wound
ranny injured
rasista racist
ratować to rescue
ratunku! help!
ratusz town hall
raz one; once; **trzy/cztery razy** three/four times; **raz dziennie/na**

godzinę once a day/an hour
razem together
recepcja reception; **na recepcji** at reception
recepcjonistka receptionist
rejs cruise
reklamówka plastic bag
restauracja restaurant
reszta the rest; change *(money)*
reumatyzm rheumatism
rezerwować to book, to reserve
ręcznie robiony hand-made
ręcznik towel
ręcznik kąpielowy bath towel
ręka hand
rękaw sleeve
robić to make; to do
rocznica anniversary
rodzaj kind, type; **jaki rodzaj ...?** what kind of ...?
rodzice parents
rodzina family
rok year
rondel saucepan
rondo roundabout
rosnąć to grow
roślina plant
rower bicycle
rower górski mountain bike
rozbić to put up *(a tent)*; to smash
rozbity broken *(glass)*
rozkazywać to order; to command
rozkład jazdy timetable
rozmawiać to talk
rozmiar size
rozmowa na koszt rozmówcy reverse-charge call
rozpoznać to recognize
rozsądny reasonable; sensible
rozumieć to understand
różnica czasu time difference
różowy pink
ruch traffic; movement
rude red *(hair)*
ruiny ruins
rura wydechowa exhaust (pipe)

ryba fish
rynek market
ryzyko risk
rzadki rare
rzadko rarely
rzecz thing
rzeczywiście in fact
rzeka river
rzucać to throw

S

sala koncertowa concert hall
sam himself; myself; yourself; itself; alone
sama herself; myself; yourself; itself; alone
samochód car; **samochodem** by car
samolot aeroplane; **samolotem** by plane
sandały sandals
sąsiad neighbour
schody steps; stairs
schronisko górskie mountain shelter
schronisko młodzieżowe youth hostel
seks sex
sekunda second *(unit of time)*
sen sleep; dream
sens meaning, sense; **to nie ma sensu** that doesn't make any sense
serce heart
serwetka napkin
sezon season
show show *(n)*
siadać to sit down
siatkówka volleyball
siedzenie seat
sierpień August
sikać to pee
silnik engine
silny strong
siostra sister
skaleczyć to cut; **skaleczyłem się** I've cut myself
skała rock

skarpetki socks
skaza flaw
skąd: skąd pochodzisz? where are you from?
sklep shop
sklep mięsny butcher's
sklep rybny fishmonger's
sklep spożywczy grocer's
sklepikarz shopkeeper
skontaktować się to contact
skończyć (się) to finish; to run out of; **skończyła mi się benzyna** I've run out of petrol
skóra skin
skręcać to turn; **skręć w lewo!** turn left!
skrót abbreviation; short cut
skrzynia biegów gearbox
skrzynka na listy letterbox; postbox
skuter scooter
słaby weak
słodki sweet (adj)
słony salty
słońce sun; **na słońcu** in the sun
słuchać to listen
słucham? pardon?
słyszeć to hear
smacznego! enjoy your meal!
smak flavour, taste
smakować to taste
smażony fried
smażyć to fry
smutny sad
sobota Saturday
soczewka lens
soczewki kontaktowe contact lenses
sok juice
solony salted
sól salt
spacer walk; stroll
spacerówka pushchair
spać to sleep
spadać to fall
spalić to burn
specjalność speciality
specjalny special

spieszyć się to be in a hurry
spirala domaciczna (contraceptive) coil
spirytus salicylowy surgical spirit
spodenki kąpielowe swimming trunks
spodnie trousers
sporo quite a lot
sport sport
spotkanie meeting; appointment; **mam spotkanie (z)** I have an appointment (with)
spotykać to meet
spódnica skirt
spóźnić się to be late; **spóźniliśmy się na pociąg** we missed the train
sprawdzać to check
sprzątać to clean
sprzedawać to sell
sprzedawca shop assistant
sprzedaż: na sprzedaż for sale
sprzęgło clutch
sprzęt equipment
spuchnięty swollen
srebrny silver (adj)
stacja station
stacja benzynowa petrol station
stacja kolejowa train station
stacja metra underground station
stacja radiowa radio station
stać to stand
stać w kolejce to queue
stadion stadium
stan state
stanik bra
Stany Zjednoczone United States
Stare Miasto Old Town
startować to start; to take off (plane)
stary old
statek boat
stąd away; **10 km stąd** 10 km away
stoisko z gazetami newsstand
stopa foot
stopień degree; step; stair
stół table
stracić to lose
strata loss; **to strata czasu** it's a waste of time

straż pożarna fire brigade
strefa ruchu pieszego pedestrianized precinct
strona page; side
strona internetowa website
strój piankowy wetsuit
student student
studia studies
studiować to study
styczeń January
styl style
suchy dry
sugerować to suggest
supermarket supermarket
surfować to surf
surowy raw
suszarka hairdrier
suszyć to dry
suwak zip
sweter sweater
sygnał signal
syn son
synagoga synagogue
syrop syrup
szampon shampoo
szansa opportunity
szary grey
szatnia cloakroom
szczęście happiness; luck
szczęśliwy happy; lucky
szczoteczka brush; **szczoteczka do zębów** toothbrush
szczyt top *(of mountain)*, peak, summit
szeroki wide
szklanka glass; **szklanka wody** a glass of water
szkło glass *(material)*
Szkocja Scotland
szkocki Scottish *(adj)*
szkoda damage; pity; **jaka szkoda!** too bad!
szkodzić to be harmful; **nie szkodzi** never mind
szkoła średnia secondary school
Szkot Scotsman
Szkotka Scotswoman

szok shock
szokujący shocking
szorty shorts
szpital hospital
sztuka art; play *(in theatre)*
szukać to look for
szybki quick; fast
szybko quickly; fast
szyja neck
ścierka dish towel, tea towel
ścieżka path; **ścieżka rowerowa** cycle path
śledź do namiotu tent peg
ślepy blind
śmiać się to laugh
śmieci rubbish
śniadania i obiadokolacje half-board
śniadanie breakfast
śnieg snow
śpiący sleepy
śpiewać to sing
śpiewak singer
śpiwór sleeping bag
średni medium *(adj)*
średniowysmażony medium *(steak)*
środa Wednesday
środek middle; **na środku drogi** in the middle of the road
środek antykoncepcyjny contraceptive *(n)*
środek owadobójczy insecticide
środek znieczulający anaesthetic
świat world
światła przednie headlights
światło light *(n)*
świątynia temple
świeca zapłonowa spark plug
świeczka candle
święto narodowe national holiday

T

tabletka tablet
tablica board
tak yes
taki sam the same

taksometr meter *(in taxi)*
taksówka taxi
taksówkarz taxi driver
także also, as well
talerz plate
talia waist
tam there
tamci those; those ones
tampon tampon
tamten that; that one
tani cheap
taniec dance
tańczyć to dance
taras terrace
targi trade fair
taśma klejąca Sellotape®
te these; these ones
teatr theatre
telefon phone call; **muszę wykonać telefon** I need to make a phone call
telefonistka switchboard operator
telewizja television
temperatura temperature; **mam temperaturę** I have a temperature
ten this; this one
tenis tennis
tenisówka plimsoll
teraz now
terma water heater
terminal terminal
termometr thermometer
termos Thermos® flask
też also; **ja też** me too
tłumaczyć to translate; to explain
to; to jest this is
toaleta toilet
toaleta damska ladies' (toilet)
toaleta męska gents' (toilet)
tonąć to drown
torba bag
torebka damska handbag
towary goods
tradycyjny traditional
tramwaj tram
trasa autobusu bus route
trawa grass

trochę a bit, a little
trudny difficult
trwać to last
trzymać to hold; to keep
tu here; **tu jest/są** there is/are
turysta tourist
tutaj here
tuż just; **tuż przed** just before
twardy hard
twarz face
twój your *(sg)*; yours *(sg)*
ty you *(sg)*
tydzień week
tylko only, just; **tylko jeden** just one
tył back, rear; **z tyłu** at the back of
tymczasowy temporary
typ type
typowy typical
tytoń tobacco

U

u at; **u mnie** at my place
ubezpieczenie insurance
ubezpieczenie pełne comprehensive insurance
ubrać się to get dressed
ubrania clothes
ucho ear
uczciwy honest
uczucie feeling
uczulony allergic
uczyć się to learn
udar słoneczny sunstroke
udo thigh
ugotowany cooked
ugryzienie bite
ugryźć to bite
ulica street
ulotka leaflet
ulubiony favourite
umierać to die
umówić się to make an appointment
umyć się to wash; **idę się umyć** I'm going to have a wash
umywalka washbasin

urodziny birthday
usta mouth
usuwać to remove
uszkodzony damaged
uśmiech smile
uśmiechać się to smile
uwaga! watch out!
uzupełnienie supplement
użądlenie sting
użyteczny useful
używać to use
używany second-hand

VW

VAT VAT

w in; **w domu** at home; **w piątek** on Friday; **w samolocie** on the plane; **w ciąży** pregnant; **w każdym razie** anyway; **w kierunku** towards; **w końcu** finally
wakacje holiday(s)
Walia Wales
Walijczyk Welshman
Walijka Welshwoman
walijski Welsh (adj)
walizka suitcase
walka fight
Walkman® Walkman®
waluta currency
wanna bath (tub)
warga lip
warto: warto tam pojechać it's worth going there
wartość value
wasz your (pl); yours (pl)
wata cotton wool
ważny important; valid (passport)
wątroba liver
wchodzić to go in; to come in
wcześnie early
wczoraj yesterday
według according to; **według mnie** in my opinion
weekend weekend

wegetarianin vegetarian (n)
wegetariański vegetarian (adj); **kuchnia wegetariańska** vegetarian food
wejście entrance, way in
wejście na pokład boarding
wełna wool
wesołe miasteczko funfair
wewnątrz inside
wiadomości news
wiadomość message
wiatr wind
widelec fork
widok view; **widok na morze** sea view
widzieć to see
wieczór evening; **wieczorem** in the evening; **dziś wieczorem** this evening
wiedzieć to know; **nie wiem** I don't know
wiek age; century
Wielka Brytania Great Britain
Wielkanoc Easter
wierzyć to believe
wieszak na ubrania coathanger
wieś village; countryside
wieżowiec skyscraper
więc so
więcej more; **więcej niż** more than; **dużo więcej** a lot more; **nie ma więcej ...** there's no more …
większość majority; **większość ludzi** most people
wilgotny damp
winda lift
windsurfing windsurfing
wino wine
wino różowe rosé wine
wiosna spring (season)
witać to welcome
witraże stained-glass windows
wiza visa
wizyta visit
wkrótce soon
wliczony included (in price)
własny own
właściciel owner
właśnie just; **właśnie przyjechałem** I've just arrived; **właśnie!** exactly!

włączać to switch on
włączyć do kontaktu to plug in
włosy hair
woda water
woda mineralna mineral water
woda niegazowana still water
woda niezdatna do picia non-drinking water
woda pitna drinking water
wodoodporny waterproof
wodorosty seaweed
woleć to prefer
wolno slowly
wolny slow; free *(not occupied)*; single *(unmarried)*
wolny od podatku tax-free
wózek trolley
wózek dziecięcy pram
wózek inwalidzki wheelchair
wracać to come back; to return
wrażliwy sensitive
wrzesień September
wschód east; **na wschodzie** in the east; **na wschód od** (to the) east of
wschód słońca sunrise
wspaniały great
wspinaczka climbing
wstawać to get up
wsteczny bieg reverse gear
wstęp admission; introduction
wszędzie everywhere
wszyscy everyone
wszystko everything
wtedy then
wtorek Tuesday
wtyczka plug *(electrical)*
wujek uncle
wy you *(pl)*
wybrzeże coast
wychodzić to go out; to come out
wyciąg ski lift
wyciąg krzesełkowy chairlift
wycieczka z przewodnikiem guided tour
wydarzać się to happen
wydawać to spend *(money)*

wydawać się to seem; **wydaje się, że ...** it seems that ...
wyglądać (jak) to look like; **wyglądasz na zmęczonego** you look tired
wygodny comfortable
wyjąć to withdraw; to take out
wyjątkowy exceptional
wyjście way out, exit; gate *(at airport)*; **wyjście awaryjne** emergency exit
wykończony exhausted
wyłączać to switch off
wymieniać to change; to exchange
wymiotować to vomit
wymówka excuse
wynajem samochodu car hire
wynajęty samochód rental car
wynajmować to hire, to rent
wypadek accident; **na wszelki wypadek** just in case; **w razie wypadku** in an emergency
wypełnić to fill in
wyprzedany out of stock; sold out
wyprzedaż sale *(at reduced prices)*
wyrzucać to throw out, to throw away
wysiadać to get off, to get out
wysoki high; tall
wysokie ciśnienie krwi high blood pressure
wyspa island
wystarczy enough; that's enough
wystawa exhibition; display
wysyłać to send
wytrawne dry *(wine)*
wywołać to develop *(a film)*
wzgórze hill

Z

z with; from; **jestem z Anglii** I'm from England; **z krótkimi rękawami** short-sleeved
z napisami subtitled
z powodu because of
za for; behind; too; **za dużo** too many/much

zabawka toy
zabijać to kill
zablokowany jammed, blocked
zabronione forbidden
zachorować to fall ill
zachód west; **na zachodzie** in the west; **na zachód od** (to the) west of
zachód słońca sunset
zaczynać to begin, to start
zadowolony pleased
zadzwonić to call
zagranicą abroad
zagraniczny foreign
zagraniczny przekaz pieniężny international money order
zajęty busy; engaged
zajmować: to zajmuje dwie godziny it takes two hours
zakaźny contagious
zakupy shopping
zakwaterowanie accommodation
zależeć (od) to depend (on)
zamek castle; lock (n)
zameldować się to check in (at hotel)
zamężna married (woman)
zamiar intention
zamiast instead
zamknąć na klucz to lock
zamknięty closed, shut
zamrażarka freezer
zamykać to close
zapach smell
zapakować to pack
zapalać to light
zapalenie oskrzeli bronchitis
zapalenie wyrostka robaczkowego appendicitis
zapalniczka lighter
zapałka match (for fire)
zaparcie constipation; **mam zaparcie** I'm constipated
zapisać to save (on a computer); to write down
zapłacić to pay
zapraszać to invite
zarejestrowany registered

zarezerwować to reserve
zarezerwowane reserved
zaskakiwać to surprise
zastrzyk injection
zasypiać to fall asleep
zaszczepiony (przeciw) vaccinated (against)
zatankować to fill up (with fuel)
zatrucie pokarmowe food poisoning
zatrzymać się to stay (in a hotel)
zatrzymywać (się) to stop
zatyczki do uszu earplugs
zawał heart attack
zawód profession
zawór odcinający stopcock
zawracanie U-turn
zawsze always
zazwyczaj usually
ząb tooth
zdanie sentence
zdenerwowany upset
zderzak bumper
zdezynfekować to disinfect
zdjęcie photo
zdjęcie rentgenowskie X-ray
zdołać to manage (to do something)
zdrowie health
zdzierstwo rip-off
zegar clock
zegarek watch
zemdleć to faint
zepsuć (się) to spoil; to break; to break down
zepsuty rotten; broken; out of order
zero zero
zerwać to pick; to tear off; to split up
zespół team
zeszły last; **w zeszłym roku** last year
zeszyt notebook
zgasić to put out (light, fire)
zgłaszać do oclenia to declare (at customs)
zgubić to lose; **zgubiłem się** I've got lost
zielony green
ziemia earth; ground; **na ziemi** on the ground

zima winter
zimno cold *(adv)*; **jest zimno** it's cold; **zimno mi** I'm cold
zimny cold *(adj)*
Zjednoczone Królestwo United Kingdom
zjeżdżalnia slide
złamać to break; **złamałem nogę** I've broken my leg
złamanie fracture
złamany broken *(bone)*
złapać to catch
złodziej thief
zły bad; wrong; angry
zmarły dead
zmęczony tired
zmieniać to change
zmywarka dishwasher
znaczek stamp
znaczenie meaning; **to nie ma znaczenia** it's not important
znaczyć to mean; **co znaczy ...?** what does … mean?
znać to know
znajdować to find
znak sign
znak drogowy road sign
znany well-known
zniżka reduction *(in price)*
znosić to put up with
znowu again
zoo zoo
zoom zoom *(lens)*
zorganizować to organize

zostawać to remain; to stay
zostawiać to leave
zredukować to reduce
zreperować to repair
zwichnąć to sprain
zwierzę animal
zwracać to refund
zwrot refund; **czy mogę dostać zwrot pieniędzy?** can I get a refund?
źle wrongly; badly; **źle się czuję** I don't feel well; **nie jest źle** it's not bad
żaden none
żaglówka sailing boat, yacht; **chciałbym popływać żaglówką** I'd like to go sailing
żakiet jacket *(for women)*
żarówka light bulb
żądlić to sting; **użądliła mnie pszczoła** I've been stung by a bee
żebro rib
żeby so that
żeglarstwo sailing
żeglować to sail
żel pod prysznic shower gel
żelazko iron
żołądek stomach
żona wife
żonaty married *(man)*
żółty yellow
życie life
żyć to live; to be alive
żyletka razor blade
żywy alive

GRAMMAR

In Polish there are no **articles** (a/an or the).

Nouns are masculine, feminine or neuter. Masculine nouns generally end with a consonant, feminine nouns end in **-a** or **-i** and neuter nouns end in **-o** or **-e**.

In the plural, masculine nouns end in **-y**, **-i** or **-owie**. Feminine nouns end in **-y**, **-i** or **-e** and neuter nouns in **-a**.

	singular	plural
masculine		
Mr	pan	pan**owie**
potato	ziemniak	ziemniak**i**
car	samochód	samochod**y**
feminine		
woman	kobieta	kobiet**y**
Mrs/Miss	pani	pani**e**
book	książka	książk**i**
neuter		
beer	piwo	piw**a**
life	życie	życi**a**

Polish nouns have different forms (**cases**) depending on their function in a sentence. There are seven cases:

The **nominative** case is used for the subject of a sentence:
> **samochód** jeździ szybko a car is going fast

This case is the basic form in which words are found in a dictionary.

The **genitive** case shows possession:
> to jest samochód **Marka** it is Mark's car

It is used in street names and other titles:
> ulica **Chopina** Chopin Street

It is used after prepositions like do, od, bez, dla:

> idziemy do **hotelu** we're going to the hotel

The genitive is also used in negative constructions:

> nie ma **kawy** there isn't any coffee

The **dative** is the case for indirect objects:

> dał **mi** encyklopedię he gave me an encyclopedia (= gave an encyclopedia **to me**)

It is also used after certain verbs:

> to **mi** się podoba I like it

The **accusative** is the case for direct objects:

> znam **Polskę** I know Poland

The **instrumental** is the case which explains the means or the instrument used to do something:

> pojechaliśmy **samochodem** we went by car

It is also the case used to show a person's profession or position:

> jest **lekarzem** he's a doctor

The **locative** case is used after certain prepositions, usually prepositions of place:

> mieszkam w **Warszawie** I live in Warsaw

The **vocative** case is used to address a person directly:

> panie Marku!   pani Aniu!

The declension of a noun is determined by its gender. For masculine nouns, there are three types of declension, according to the type of the noun: personal animate nouns (human beings), impersonal animate nouns (animals), inanimate nouns (things). The declension of nouns of the same gender can vary according to the stem of the word and the last consonant. It should be noted that noun endings can be the same even when the gender is different.

Masculine
- **dyrektor** director, **samochód** car

	personal animate		inanimate	
	singular	*plural*	*singular*	*plural*
nom.	dyrektor	dyrektor**zy**	samochód	samochod**y**
gen.	dyrektor**a**	dyrektor**ów**	samochod**u**	samochod**ów**
dat.	dyrektor**owi**	dyrektor**om**	samochod**owi**	samochod**om**
acc.	dyrektor**a**	dyrektor**ów**	samochód	samochod**y**
instr.	dyrektor**em**	dyrektor**ami**	samochod**em**	samochod**ami**
loc.	dyrektor**ze**	dyrektor**ach**	samochod**zie**	samochod**ach**
voc.	dyrektor**ze**	dyrektor**zy**	samochod**zie**	samochod**y**

Feminine
- **kobieta** woman, **pani** Mrs, Miss

	personal animate		inanimate	
	singular	*plural*	*singular*	*plural*
nom.	kobieta	kobiet**y**	pani	pani**e**
gen.	kobiet**y**	kobiet	pani	pa**ń**
dat.	kobie**cie**	kobiet**om**	pani	pani**om**
acc.	kobiet**ę**	kobiet**y**	pani**ą**	pani**e**
instr.	kobiet**ą**	kobiet**ami**	pani**ą**	pani**ami**
loc.	kobie**cie**	kobiet**ach**	pani	pani**ach**
voc.	kobiet**o**	kobiet**y**	pani	pani**e**

Neuter
- **piwo** beer, **życie** life

	personal animate		inanimate	
	singular	*plural*	*singular*	*plural*
nom.	piw**o**	piw**a**	życie	życi**a**
gen.	piw**a**	piw	życi**a**	ży**ć**
dat.	piw**u**	piw**om**	życi**u**	życi**om**
acc.	piw**o**	piw**a**	życie	życi**a**
instr.	piw**em**	piw**ami**	życi**em**	życi**ami**
loc.	piw**ie**	piw**ach**	życi**u**	życi**ach**
voc.	piw**o**	piw**a**	życie	życi**a**

Adjectives agree in the gender, number (singular, plural) and case with the noun which they refer to. In the singular, they take the form of the three genders: the masculine ending in **-y**, **-i**, the feminine ending in **-a** and the neuter in **-e**. In the plural, there is only a difference between the masculine personal gender, which ends in **-y** or **-i**, and all other genders, which end in **-e**.

• nowy new

	singular			plural	
	masculine	feminine	neuter	masculine personal	others
nom.	nowy	nowa	nowe	nowi	nowe
gen.	nowego	nowej	nowego	nowych	nowych
dat.	nowemu	nowej	nowemu	nowym	nowym
acc.	nowego	nową	nowe	nowych	nowe
instr.	nowym	nową	nowym	nowymi	nowymi
loc.	nowym	nowej	nowym	nowych	nowych
voc.	nowy	nowa	nowe	nowi	nowe

A **comparative** is formed by adding the following endings to the stem of the adjective: masculine **-szy**, feminine **-sza** and neuter **-sze**.

To make a **superlative**, the prefix **naj-** is added to the beginning of the comparative.

In the plural, the masculine personal ending is **-si**, and the other endings are **-sze**.

singular		plural		
masculine	feminine	neuter	masculine personal	others
(naj)nowszy	(naj)nowsza	(naj)nowsze	(naj)nowsi	(naj)nowsze

Personal pronouns:

singular		plural	
I	ja	we	my
you	ty	you	wy
he	on	they (masc. pers.)	oni
she	ona	they (others)	one
it	ono		

Personal pronouns are declined. Here are the dative and accusative cases:

	singular					*plural*			
nom.	ja	ty	on	ona	ono	my	wy	oni	one
dat.	mi	tobie/ci	mu	jej	mu	nam	wam	im	im
acc.	mnie	ciebie	go	ją	je	nas	was	ich	je

Possessive pronouns and **possessive adjectives** agree with the gender and number of their object, and are declined, except for jego, jej and ich, which do not change.

		nominative singular			*nominative plural*	
		masculine	*feminine*	*neuter*	*masculine personal*	*others*
I	ja	mój	moja	moje	moi	moje
you	ty	twój	twoja	twoje	twoi	twoje
he	on	jego	jego	jego	jego	jego
she	ona	jej	jej	jej	jej	jej
we	my	nasz	nasza	nasze	nasi	nasze
you	wy	wasz	wasza	wasze	wasi	wasze
they	oni/one	ich	ich	ich	ich	ich
	swój	swój	swoja	swoje	swoi	swoje

The possessive swój is used when the subject of the sentence and the owner are the same:

> szukasz swojego samochodu? are you looking for your car?

The **cardinal numbers** 1, 2, 3, 4 behave like adjectives and agree in number, gender and case with the noun they refer to:

jeden samochód, **jedna** kobieta, **jedno** piwo
one car, one woman, one beer

dwa samochody, **dwie** kobiety, **dwa** piwa
two cars, two women, two beers

Numbers 5 and above are followed by the genitive plural of the noun:
pięć/sześć/siedem ... samochodów/kobiet/piw

All **ordinal numbers** (pierwszy, drugi, trzeci ... first, second, third ...) are declined like adjectives. As in English, they are used to say the day of the month, but they are also used to tell the time:

> dzisiaj jest drugi lutego today is the 2nd of February
> jest piąta it's 5 o'clock

GRAMMAR

Polish **verbs** in the **infinitive** form usually end in **-ć** (eg **mieć** to have). This is the basic form found in dictionaries. There are different forms for different **tenses** (past, present, and future) and different **persons** (I, you, they, etc.). Some verbs have two forms of infinitive, according to whether the action they describe is viewed as in progress (**imperfective**) or completed (**perfective**).

For an idea of the difference between perfective and imperfective, compare:

czekam (imperfective) I'm waiting
czekałem (imperfective) I was waiting
zaczekałem (perfective) I waited
będę czekał (imperfective) I'll be waiting
zaczekam (perfective) I'll wait

Generally, the infinitive of a perfective verb has a prefix:

czekać (imperfective)   zaczekać (perfective)

In certain verbs, these two forms of infinitive are completely different:

iść to go (imperfective)   pójść to go (perfective)

Perfective verbs do not have a present tense.

The **present** tense is formed from the infinitive. There are three patterns of conjugation:

	pisać to write	robić to make/do	czekać to wait
ja	piszę I'm writing	robię I'm making	czekam I'm waiting
ty	piszesz	robisz	czekasz
on/ona/ono	pisze	robi	czeka
my	piszemy	robimy	czekamy
wy	piszecie	robicie	czekacie
oni/one	piszą	robią	czekają

The **past** tense for both perfective and imperfective verbs is also formed from the infinitive. There is only one pattern of conjugation, but the form of the verb varies according to the gender of the **subject** (the person or thing which performs the action of the verb):

• **robić** to make, to do

masculine	*feminine*	*neuter*
ja robi**łem** I was making	robi**łam**	
ty robi**łeś**	robi**łaś**	
on robi**ł**	ona robi**ła** she was making	ono robi**ło** it was making
my robi**liśmy**	robi**łyśmy**	
wy robi**liście**	robi**łyście**	
oni robi**li**	one robi**ły**	one robi**ły**

The formation of the **future** tense depends on whether the verb is perfective or imperfective. For perfective verbs, the future is formed from the perfective infinitive. The conjugation is identical to the imperfective present tense:

• **zrobić** to make, to do

ja	zrobi**ę** I will make
ty	zrob**isz**
on/ona/ono	zrob**i**
my	zrob**imy**
wy	zrob**icie**
oni/one	zrob**ią**

The future tense of imperfective verbs is formed with the future form of the verb **być** to be (for a full conjugation of być see below). The main verb can be in the infinitive:
będę czekać I'll be waiting
będziemy czekać we'll be waiting

The main verb can also be in a form similar to the basic past, but which varies according to the gender and number of the subject:
będę czekał I'll be waiting (said by a man)
będę czekała I'll be waiting (said by a woman)
będziemy czekali we'll be waiting (said by men or a mixed group)
będziemy czekały we'll be waiting (said by women)

NB: Because the subject of a verb is clearly shown by the verb endings in all tenses, personal pronouns for subjects are usually omitted except for emphasis.

The **conditional** "would" is made from the past tense of the verb with the particle by added:

• chcieć to want

masculine	*feminine*	*neuter*
ja chciał**bym** I would like	chciała**bym**	
ty chciał**byś**	chciała**byś**	
on chciał**by**	ona chciała**by** she would like	ono chciało**by** it would like
my chcieli**byśmy**	chciały**byśmy**	
wy chcieli**byście**	chciały**byście**	
oni chcieli**by**	one chciały**by**	one chciały**by**

Reflexive verbs are formed with the word **się** for all persons:

myje się he's washing himself
kochają się they love each other

The reflexive is used much more in Polish than in English, and often in situations where an English speaker would not think of "-self" or "each other":

jak się nazywasz? what's your name?
chcę się jeść I want to eat

Się is also used for what people do in general:

jak się to pisze? how do you spell that?

To make a **negative**, the particle nie (not) is put in front of the verb:

nie lubię wina I don't like wine

When the negative applies to an adjective or adverb, the particle nie is added to them:

dobry good – niedobry not good

Questions are formed with a question word at the beginning of the sentence: czy (similar to the English "do"), kiedy (when), jak how, gdzie (where):

czy Pani mówi po angielsku? do you speak English?
kiedy wracasz? when are you coming back?
gdzie jest najbliższa poczta? where is the nearest post office?

It is also possible to make a sentence into a question simply by intonation.

GRAMMAR

Useful verbs

• być to be

PRESENT

ja	jest**em** I am
ty	jest**eś**
on/ona/ono	jest
my	jest**eśmy**
wy	jest**eście**
oni/one	**są**

PAST

	masculine	feminine	neuter
ja	by**łem** I was	by**łam**	
ty	by**łeś**	by**łaś**	
on	by**ł**	ona by**ła**	ono by**ło**
my	by**liśmy**	by**łyśmy**	
wy	by**liście**	by**łyście**	
oni	by**li**	one by**ły**	one by**ły**

FUTURE

ja	będ**ę** I will be
ty	będzi**esz**
on	będzi**e**
my	będzi**emy**
wy	będzi**ecie**
oni	będ**ą**

- mieć to have

PRESENT

ja	**mam** I have
ty	**masz**
on/ona/ono	**ma**
my	**mamy**
wy	**macie**
oni/one	**mają**

PAST

	masculine	*feminine*	*neuter*
ja	**miałem** I had	**miałam**	
ty	**miałeś**	**miałaś**	
on	**miał**	ona **miała**	ono **miało**
my	**mieliśmy**	**miałyśmy**	
wy	**mieliście**	**miałyście**	
oni	**mieli**	one **miały**	one **miały**

HOLIDAYS AND FESTIVALS

HOLIDAYS AND FESTIVALS

Christmas Eve (**Wigilia**) and Easter Sunday (**Niedziela Wielkanocna**) are the two most important days in the Polish calendar, and are occasions for the whole family to get together.

On Christmas Eve, the festivities begin by sharing the traditional consecrated wafer (**opłatek**) and wishing each other a happy Christmas. The traditional meal is made up of twelve different dishes with no meat involved. During the course of the evening, Father Christmas (**Święty Mikołaj**) will arrive to drop off the presents. Midnight mass (**Pasterka**), celebrated with great pomp and circumstance, is widely attended.

At Easter, Poles make **pisanki**, hard-boiled eggs dyed various colours and decorated. On Easter Monday, the ancient tradition of **śmigus-dyngus** involves pouring a little water over the other members of one's family, preferably while they are still in bed: of course, young people seize upon this as a chance to drench everything that moves. So be sure to keep your car windows rolled up that day!

Poles get four to five weeks' holiday a year, which they usually take in July or August. They also have the following public holidays:

1 January	**Nowy Rok** New Year's Day
Easter Monday	**Lany Poniedziałek**
1 May	**Święto Pracy** May Day
3 May	**Dzień Konstytucji Trzeciego Maja** Constitution Day
15 August	**Wniebowzięcie** Feast of the Assumption
1 November	**Wszystkich Świętych** All Saints' Day
11 November	**Dzień Niepodległości** Independence Day
25 and 26 December	**Boże Narodzenie** Christmas
Date varies, usually in June	**Boże Ciało** Corpus Christi

USEFUL ADDRESSES

In the UK

Polish National Tourist Office
Level 3, Westec House
West Gate
London W5 1YY
Tel.: 0870 067 5010
Fax: 0870 067 5011
Website: http://www.visitpoland.org

Embassy of the Republic of Poland, London
47 Portland Place
London W1B 1JH
Tel.: 0870 774 2700
Fax: 020 7291 3575
Website: http://london.polemb.net/

In the US

Polish National Tourist Office
5 Marine View Plaza
Hoboken
NJ 07030
Tel.: (201) 420 9910
Fax: (201) 584 9153
Website: http://www.polandtour.org

Embassy of the Republic of Poland, Washington DC
2640 16th St.
NW Washington DC 20009
Tel.: (202) 234 3800
Website: http://www.polandembassy.org/

In Poland

British Embassy, Warsaw
Al. Róż 1
00-556 Warsaw
Tel.: (0048) (22) 311 0000
Fax: (0048) (22) 311 0311
Website: http://www.britishembassy.pl

US Embassy, Warsaw
Aleje Ujazdowskie 29/31
00-540 Warsaw
Tel.: (0048) (22) 504-2000
Website: http://warsaw.usembassy.gov/poland/offices.html

Police: **997**
Fire brigade: **998**
Medical emergencies: **999**
All emergency services from a mobile: **112**
Directory enquiries: **118 913**

CONVERSION TABLES

Note that when writing numbers, Polish uses a comma where English uses a full stop. For example, 0.6 would be written 0,6 in Polish.

MEASUREMENTS

Only the metric system is used in Poland.

Length
1 cm ≈ 0.4 inches
30 cm ≈ 1 foot

Distance
1 metre ≈ 1 yard
1 km ≈ 0.6 miles

To convert kilometres into miles, divide by 8 and then multiply by 5.

kilometres	1	2	5	10	20	100
miles	0.6	1.25	3.1	6.25	12.50	62.50

To convert miles into kilometres, divide by 5 and then multiply by 8.

miles	1	2	5	10	20	100
kilometres	1.6	3.2	8	16	32	160

Weight
25 g ≈ 1 oz   1 kg ≈ 2 lb   6 kg ≈ 1 stone

To convert kilos into pounds, divide by 5 and then multiply by 11.
To convert pounds into kilos, multiply by 5 and then divide by 11.

kilos	1	2	10	20	60	80
pounds	2.2	4.4	22	44	132	176

Liquid
1 litre ≈ 2 pints
4.5 litres ≈ 1 gallon

Temperature

To convert temperatures in Fahrenheit into Celsius, subtract 32, multiply by 5 and then divide by 9.

To convert temperatures in Celsius into Fahrenheit, divide by 5, multiply by 9 and then add 32.

Fahrenheit (°F)	32	40	50	59	68	86	100
Celsius (°C)	0	4	10	15	20	30	38

Clothes sizes

Sometimes you will find sizes given using the English-language abbreviations **XS** (Extra Small), **S** (Small), **M** (Medium), **L** (Large) and **XL** (Extra Large).

• Women's clothes

Europe	36	38	40	42	44	etc
UK	8	10	12	14	16	

• Bras (cup sizes are the same)

Europe	70	75	80	85	90	etc
UK	32	34	36	38	40	

• Men's shirts (collar size)

Europe	36	38	41	43	etc
UK	14	15	16	17	

• Men's clothes

Europe	40	42	44	46	48	50	etc
UK	30	32	34	36	38	40	

Shoe sizes

• Women's shoes

Europe	37	38	39	40	41	etc
UK	4	5	6	7	8	

• Men's shoes

Europe	40	41	42	43	44	etc
UK	7	8	9	10	11	

MY FIRST POCKET GUIDE

REPTILES
AND
AMPHIBIANS

Dr. David S. Kirshner

NATIONAL
GEOGRAPHIC
SOCIETY

INTRODUCTION

There are many reptiles and amphibians (am-FIB-ee-uhnz) in North America— from tiny frogs to large crocodiles with tearing teeth. Reptiles and amphibians are vertebrates (VERT-uh-bruts), which means they have bony backbones. Birds and mammals, such as humans, are also vertebrates. They are warm-blooded and their body temperature usually remains the same. The body temperature of reptiles and amphibians, however, changes according to how hot or cold their surroundings are.

The lizards, snakes, turtles, alligators, and crocodiles in this book are reptiles. The frogs, toads, and salamanders are amphibians. Reptiles and amphibians are quite different from each other. Reptiles have dry, scaly, or leathery skin, while most amphibians have slimy skin that must be always wet. Amphibians usually lay their eggs in water. The eggs grow into tadpoles, or larvae (LAR-vee), that live in water until they become adults. Reptiles lay their hard or leathery eggs on land, and some give birth to fully formed young.

When you see reptiles and amphibians in the wild, do not disturb them. Most reptiles attack only if another animal threatens them.

HOW TO USE THIS BOOK

Each spread in this book helps you to identify one kind of reptile or amphibian. It gives you information about the animal's size, color, appearance, and behavior. You can measure the animal's length using the ruler inside the back cover. "Where To Find" has a map of North America that is shaded to show you where the creature lives. If you find a word you do not know, look it up in the Glossary on page 76.

SNAPPING TURTLE

 Snapping turtles are strong, savage biters. The largest snapper is the alligator snapping turtle. Unlike most turtles, it is unable to pull its big head completely into its shell to escape predators.

WHERE TO FIND:

Snapping turtles swim in rivers, lakes, and swamps. Sometimes they lie in the mud in shallow water.

WHAT TO LOOK FOR:

* SIZE
The snapping turtle ranges from 8 to 30 inches long.

* COLOR
It is a muddy brownish-black color.

* OTHER FEATURES
The shell across its belly is very small and shaped like a cross.

* BEHAVIOR
It often burrows in the mud, keeping only its eyes and nostrils in the open to breathe and watch for prey.

A snapping turtle rarely leaves the water. If it does, it becomes snappy and aggressive.

FIELD NOTES

The alligator snapping turtle waves a wormlike bait on its tongue to lure fish into its jaws.

COMMON MUSK TURTLE

 Common musk turtles release a smelly, musky fluid when they are threatened by predators. For this reason, they are often called stinkpots.

WHERE TO FIND:
Common musk turtles live in shallow, still water. You will often find them basking in high places.

WHAT TO LOOK FOR:

✱ SIZE
This small turtle grows between two and five inches long.

✱ COLOR
Its brownish-black shell is often covered with dark spots or streaks.

✱ OTHER FEATURES
The common musk turtle has a long neck. Its tail often has a horny tip.

✱ BEHAVIOR
It can climb up a slanted tree trunk to bask in the sun.

The musk turtle has stripes on its head and bristles, or barbels, on its chin and throat.

FIELD NOTES

Most turtles swim, but common musk turtles walk about on the bed of a pond or stream.

PAINTED TURTLE

The head, tail, limbs, and shell rim of a painted turtle are decorated with bright patterns. In winter, painted turtles sleep in mud at the bottom of streams, rivers, or lakes.

FIELD NOTES

A male painted turtle tries to attract a female by fluttering his long claws in front of her face.

The bright colors of this turtle make it easy to identify as a western painted turtle.

WHERE TO FIND:
Painted turtles live in waterways all across North America, from the East to the West Coast.

WHAT TO LOOK FOR:

❋ SIZE
They can grow ten inches long.

❋ COLOR
The shell is dark, usually with red or yellow markings. The head, limbs, and tail are dark, with yellow and red lines.

❋ OTHER FEATURES
Males have longer, thicker tails and longer claws than the females do.

❋ BEHAVIOR
In summer, painted turtles often bask in the sun in large numbers.

BOX TURTLE

 A box turtle can pull its head, limbs, and tail inside its tightly shutting shell to keep these soft parts safe from predators. Box turtles sometimes live for more than a hundred years.

WHERE TO FIND:
Box turtles live in dry places. In hot, dry weather they sometimes burrow into the ground to keep cool.

WHAT TO LOOK FOR:

✳ SIZE
Box turtles are four to ten inches long.

✳ COLOR
Their dark shells often have yellow or orange markings. As they grow older, box turtles can lose their bright colors and turn plain brownish black.

✳ OTHER FEATURES
If box turtles get too fat, they are unable to close their shells.

✳ BEHAVIOR
They eat plants and animals.

Male eastern box turtles, like this one, often have red eyes.

FIELD NOTES

The box turtle has a hinge on the shell across its belly. This allows the turtle to close its shell completely.

Upside-down box turtle with shell closed

SOFT-SHELLED TURTLE

 Soft-shelled turtles have soft, leathery shells. Perhaps because they are not protected by hard shells, these turtles are more aggressive than many other turtles.

WHERE TO FIND:
Soft-shelled turtles live mainly in rivers and streams. Look for a pointed snout poking out of the water.

WHAT TO LOOK FOR:

✳ SIZE
Soft-shelled turtles range between 5 and 25 inches long.

✳ COLOR
They are tan or olive, with or without darker spots, rings, or patches.

✳ OTHER FEATURES
Their hard beaks are covered by fleshy lips. Their shells look like pancakes.

✳ BEHAVIOR
Whether on land or in water, soft-shelled turtles can move quickly.

Soft-shelled turtles, like this eastern spiny softshell, are the only American turtles that have long snouts.

FIELD NOTES

Soft-shelled turtles often bury themselves in the mud, with only their heads sticking out.

15

GREEN ANOLE

 The green anole (uh-NO-lee) can change color from green to brown. This tactic, called camouflage (CAM-uh-flahj), helps the lizard blend with its surroundings and hide from predators.

WHERE TO FIND:
Look for green anoles on fences, bushes, and tree trunks—and even on buildings.

WHAT TO LOOK FOR:

✳ **SIZE**
Green anoles grow five to eight inches long.

✳ **COLOR**
They can be bright green, dull brown, or any shade in between.

✳ **OTHER FEATURES**
They have long, pointed snouts.

✳ **BEHAVIOR**
The male green anole bobs its head up and down when it displays a flap of skin, called a dewlap, from its throat.

The green anole is sometimes wrongly called a chameleon (kuh-MEEL-yun)—a lizard which is well-known for changing its color.

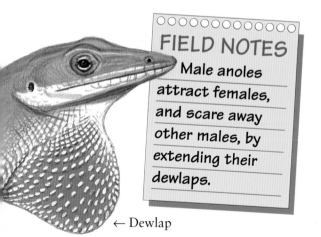

← Dewlap

COLLARED LIZARD

Collared lizards get their name from the two black circles, like collars, around the neck of the male. Females do not always have collars. These lizards can run quickly on their back legs.

WHERE TO FIND:
Collared lizards live in hot, dry places. You may spot them perched on rocks or ledges.

WHAT TO LOOK FOR:

✳ **SIZE**
Collared lizards grow 8 to 16 inches long. Males have very large heads.

✳ **COLOR**
They can be tan, yellowish, greenish, or bluish, with dark or light spots.

✳ **OTHER FEATURES**
The male often has an orange or yellow throat or chest.

✳ **BEHAVIOR**
Collared lizards have big appetites, and often eat smaller lizards.

Male collared lizards often sit up high on rocks to view their territories.

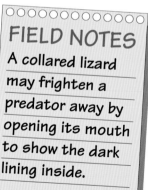

🔵🔵🔵🔵🔵🔵🔵🔵🔵🔵🔵🔵🔵

FIELD NOTES

A collared lizard may frighten a predator away by opening its mouth to show the dark lining inside.

HORNED LIZARD

With spiny scales along the sides of their bodies, and horns on their heads, horned lizards are well armed against enemies. Some can squirt blood from their eyes at attackers.

WHERE TO FIND:
Horned lizards live mainly in grasslands and deserts. They are active on hot days, but are often hard to see.

WHAT TO LOOK FOR:

✳ **SIZE**
Horned lizards grow between two and a half and seven inches long.

✳ **COLOR**
They are mottled brown or gray.

✳ **OTHER FEATURES**
Horned lizards have short, blunt snouts and short, thin tails.

✳ **BEHAVIOR**
Horned lizards stay still until you almost step on them. Then they dart away for a short distance.

People sometimes confuse horned lizards with toads because both have fat, round bodies.

FIELD NOTES

Horned lizards eat mainly ants. They often lie quietly near ant mounds, then snatch ants as they crawl past.

SPINY LIZARD

 You have to be quick to see a spiny lizard. It is a fast and nervous creature and will often disappear swiftly behind a rock or tree trunk before you even know it is there.

WHERE TO FIND:
Look on fences, or on tree stumps. You may also find spiny lizards on the ground.

WHAT TO LOOK FOR:

＊ SIZE
Spiny lizards are between 3 and 14 inches long.

＊ COLOR
Many have bands or stripes in shades of brown, white, and red.

＊ OTHER FEATURES
They are covered in pointed scales.

＊ BEHAVIOR
Males often bob up and down to show other males the blue patches on their throats and bellies to scare them away.

The eastern fence lizard
is the spiny lizard that is
most commonly seen.

Spiny lizards are
also called fence
lizards because
they like to bask
in the sun on top
of fence posts.

23

SIDE-BLOTCHED LIZARD

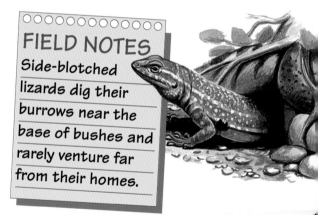

Side-blotched lizards are rarely shy, so you may be able to get close to identify one. The side-blotched lizard has a single dark blue or black spot on each side of its body, behind the foreleg.

FIELD NOTES

Side-blotched lizards dig their burrows near the base of bushes and rarely venture far from their homes.

Only male side-blotched lizards have the blue speckling seen here.

WHERE TO FIND:
Side-blotched lizards live on rocks or on the ground in dry areas. In warm areas, they are active all year.

WHAT TO LOOK FOR:

✳ SIZE
Side-blotched lizards grow four to six inches long.

✳ COLOR
They are brownish with lighter spots and stripes.

✳ OTHER FEATURES
There is often a pale stripe leading backward from each eye.

✳ BEHAVIOR
They can drop their tails to distract predators. They then grow new tails.

SKINK

 Skinks are different from most other lizards because they have round, overlapping, fishlike scales. There are many kinds of skinks, but it is hard to tell them apart. Color and size may vary a bit.

WHERE TO FIND:
Skinks live in places with plenty of cover, such as logs and rocks—often on the edge of woodlands.

WHAT TO LOOK FOR:

✳ SIZE
Skinks range from 3 to 14 inches.

✳ COLOR
They often have brown, cream, and black stripes. Their tails can sometimes be pink, red, or blue.

✳ OTHER FEATURES
A skink can drop its tail if it is threatened by an attacker.

✳ BEHAVIOR
They smell by flicking out their tongues. The scent organs are in their mouths.

A young, five-lined skink is striped with a blue tail. An adult loses these features.

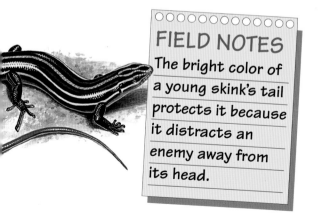

FIELD NOTES

The bright color of a young skink's tail protects it because it distracts an enemy away from its head.

RACERUNNER

Racerunners belong to a large group of lizards called whiptails. These sleek, fast-moving lizards have conelike heads and long, thin tails. They are agile and rarely stay still for long.

WHERE TO FIND:
You will find racerunners in open places, such as fields, sandy areas, or exposed rocks.

WHAT TO LOOK FOR:

✳ SIZE
Racerunners are usually between 6 and 11 inches long.

✳ COLOR
They are either dark, with six stripes on their bodies, or have bright green heads and seven lighter stripes.

✳ OTHER FEATURES
Males have bluish bellies and throats.

✳ BEHAVIOR
Racerunners are most active in the morning.

The blue throat of this six-lined racerunner shows that it is male.

Prairie racerunner

29

GLASS LIZARD

 Is it a snake, or a glass lizard? It is easy to confuse the two because both have long bodies with no legs. However, glass lizards have eyelids and earholes. Snakes do not.

WHERE TO FIND:

Glass lizards live in meadows and grasslands. Sometimes they hide under bushes and other plants.

WHAT TO LOOK FOR:

❋ SIZE
Glass lizards can grow up to 42 inches long.

❋ COLOR
They usually have black and brownish stripes. Some are speckled.

❋ OTHER FEATURES
Their tails are more than twice as long as the rest of their bodies.

❋ BEHAVIOR
Female glass lizards stay with their eggs until they hatch.

Glass lizards have hard skin, but folds along their sides make their bodies flexible.

When it drops its tail to distract an enemy, a glass lizard appears to break into pieces like brittle glass.

GILA MONSTER

Gila monsters are large, venomous lizards. They inject venom, or poison, into their prey by chewing it with their grooved teeth. They then swallow their victim whole.

The gila monster is one of only two venomous lizards in the world.

WHERE TO FIND:
Gila monsters live in deserts and open woodlands. They dig burrows, but also use those of other animals.

WHAT TO LOOK FOR:

✳ SIZE
Gila monsters are 10 to 20 inches long.

✳ COLOR
They are black with spots, bands, or patterns of yellow, pink, or orange.

✳ OTHER FEATURES
They have long, tube-shaped bodies and short limbs. They are good climbers but are usually found on the ground.

✳ BEHAVIOR
They smell with their tongues. The scent organs are in the roofs of their mouths.

GREEN SNAKE

 There are two kinds of green snakes. One of them, the rough green snake, has rough, or keeled, scales. The other kind is called the smooth green snake, because its scales are smooth.

WHERE TO FIND:
Rough green snakes like to climb in shrubs or bushes. Smooth green snakes stay on the ground.

WHAT TO LOOK FOR:

✳ **SIZE**
Green snakes are 14 to 40 inches long.

✳ **COLOR**
They are bright green above and white to yellow-green below.

✳ **OTHER FEATURES**
Green snakes eat mainly insects and spiders. They lay long, oval eggs.

✳ **BEHAVIOR**
Rough green snakes are good swimmers. If they are frightened, they may dive into the water.

A smooth green snake looks shinier than a rough green snake.

Rough green snake

RAT SNAKE

There are many kinds of rat snakes, but they all eat mainly rodents. All rat snakes are constrictors. This means they wrap themselves around their prey and squeeze it to death.

FIELD NOTES

Rat snakes are excellent climbers. They can scale up tree trunks using only the bark to grip onto.

Yellow rat snake

WHERE TO FIND:
Rat snakes live in wooded and rocky areas. You can sometimes find them in swamplands.

WHAT TO LOOK FOR:

✳ SIZE
Rat snakes grow between 30 and 95 inches long.

✳ COLOR
Rat snakes can be yellow, orange, red, green, brown, gray, or black. Usually, they have dark stripes or patches.

✳ OTHER FEATURES
The young have spots or patches.

✳ BEHAVIOR
When rat snakes vibrate their tails in dry grass, they sound like rattlesnakes.

The red rat snake is also known as the corn snake.

KING SNAKE AND MILK SNAKE

These snakes are not venomous. Milk snakes look dangerous because their colors are bright—a warning sign that a snake is poisonous.

WHERE TO FIND:
King snakes and milk snakes live wherever there are logs, rocks, or clumps of plants to shelter under.

WHAT TO LOOK FOR:

✳ **SIZE**
King snakes can reach seven feet long. Milk snakes are smaller.

✳ **COLOR**
King snakes are brown or black, with paler lines or speckles. Milk snakes have brown or red patches with black borders, and white or yellow in between.

✳ **OTHER FEATURES**
These snakes have smooth scales.

✳ **BEHAVIOR**
They often vibrate their tails if alarmed.

This California king snake has bands, but some California king snakes have stripes like the ones on garter snakes.

Coral snake

Milk snake

PINE, BULL, AND GOPHER SNAKE

These three snakes are closely related. Pine snakes often live in pine forests, gopher snakes eat gophers, and bull snakes are big and bold, like a bull.

WHERE TO FIND:

Pine snakes live in the East; bull snakes in the Midwest and West; gopher snakes on the West Coast.

WHAT TO LOOK FOR:

✱ SIZE
These large, powerful snakes can be between three and nine feet long.

✱ COLOR
These snakes are white, yellow, tan, or gray. Darker patches are reddish brown to black. Occasionally, they are striped or solid black.

✱ OTHER FEATURES
They have small heads for their size.

✱ BEHAVIOR
They all feed mainly on mammals.

A gopher snake coils and
prepares to attack a predator.

000000000000000
FIELD NOTES
These snakes
have special
throat flaps that
produce loud
hisses to
scare off enemies.

RINGNECK SNAKE

 The necks of ringneck snakes are often ringed with yellow or orange. To avoid being eaten by predators, some ringneck snakes release smelly fluids. Others pretend to be dead.

WHERE TO FIND:
Ringneck snakes live in moist, wooded, or open countryside across much of North America.

WHAT TO LOOK FOR:

✳ **SIZE**
They are 10 to 25 inches long.

✳ **COLOR**
Their backs are gray, brown, or black. Their bellies are yellow to red, or yellow with red toward the tails.

✳ **OTHER FEATURES**
Ringneck snakes are the smallest snakes mentioned in this book.

✳ **BEHAVIOR**
They often come into gardens around houses that are near wooded areas.

Some ringneck
snakes coil their
tails and startle attackers with a flash
of the brightly colored underside.

FIELD NOTES
Ringneck snakes
spend most of
their time under
rocks or pieces of
rotting wood.

GARTER SNAKE

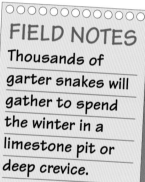

Many people keep garter snakes as pets. They rarely bite humans and feed mainly on worms, fish, and amphibians. They give birth to live young instead of laying eggs.

FIELD NOTES

Thousands of garter snakes will gather to spend the winter in a limestone pit or deep crevice.

WHAT TO LOOK FOR:

✻ SIZE
Garter snakes grow up to 50 inches long.

✻ COLOR
They are usually dark, with two or three light stripes. Some have no stripes.

✻ OTHER FEATURES
In the wild, a garter snake's stripes blend into the background.

✻ BEHAVIOR
If you handle a wild garter snake, it may release a smelly fluid that is meant to frighten off enemies.

A garter snake's coloring is usually a pattern of yellow, cream, or orange stripes on a dark background.

WATER SNAKE

There are many kinds of water snakes. All are excellent swimmers and can stay underwater for a long time. They have keeled, or rough, scales and give birth to live young.

Diamondback

Brown

Northern

Red-bellied

WHERE TO FIND:
You can find water snakes on the edges of lakes, ponds, swamps, and slow-flowing rivers.

WHAT TO LOOK FOR:

✳ SIZE
They are 20 to 71 inches long.

✳ COLOR
Young water snakes can be plain red, green, or brown, or they can have patterns. Older adults are often dull-colored.

✳ OTHER FEATURES
They have heavy bodies and thin tails.

✳ BEHAVIOR
If a water snake is cornered or caught, it will bite and release a foul smell.

People often mistake water snakes for venomous water moccasins.

HOGNOSE SNAKE

 A hognose snake uses its shovel-like snout to dig up toads and frogs from their burrows. In defense, the victim may inflate itself with air. Then the snake will puncture it with special large teeth.

WHERE TO FIND:
Hognose snakes live in dry, sandy areas in much of eastern and midwestern North America.

WHAT TO LOOK FOR:

✳ SIZE
They are 14 to 45 inches long.

✳ COLOR
They are yellow, reddish brown, gray, or olive green, usually with darker spots. Sometimes they are solid black.

✳ OTHER FEATURES
They have short, heavy bodies with wide, flat heads and necks.

✳ BEHAVIOR
They are most active in the morning and evening because midday is very hot.

If in danger, a hognose snake may hiss and spread its neck to make itself look bigger.

FIELD NOTES

When frightened, a hognose snake may also play dead. It lies on its back with its mouth wide open.

RATTLESNAKE

When they are disturbed, rattlesnakes vibrate the rattles on their tails loudly. But they are quiet when hunting, and they strike rodents or birds swiftly and inject poison with their long fangs.

WHERE TO FIND:
Rattlesnakes live in many places, from deserts or dry grasslands to forests, and even wetlands.

WHAT TO LOOK FOR:

✳ **SIZE**
They are 15 to 90 inches long.

✳ **COLOR**
They are usually tan, gray, yellowish, or reddish, with darker patches, diamonds, or bands.

✳ **OTHER FEATURES**
Rattlesnakes have thick bodies, blunt, rounded heads, and slender necks.

✳ **BEHAVIOR**
With their heat-sensing pits in their face, they find prey in the dark.

Rattlesnakes use their rattles to warn larger animals—including humans—that they are nearby.

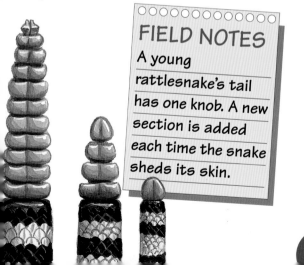

FIELD NOTES

A young rattlesnake's tail has one knob. A new section is added each time the snake sheds its skin.

ALLIGATOR

American alligators have broad snouts, heavy heads, and raised scales along their backs. In some areas, alligators dig ponds to make sure there is open water during the dry season.

WHERE TO FIND:

American alligators live in freshwater wetlands in the warm southeast parts of the United States.

WHAT TO LOOK FOR:

✱ SIZE
American alligators can grow over 16 feet long, but are usually smaller.

✱ COLOR
Adult American alligators are usually black with lighter bellies.

✱ OTHER FEATURES
An alligator has a second set of eyelids that acts like goggles underwater.

✱ BEHAVIOR
Adults bellow loudly during the breeding season, to attract a mate.

The jawline of an alligator seems to give the reptile a permanent smile.

FIELD NOTES
Waiting for prey, alligators often float in the water with only their eyes, ears, and nostrils above the surface.

CROCODILE

American crocodiles are much rarer than American alligators. Crocodiles have scaly skin, long snouts, and large, powerful tails that propel them through the water.

Crocodile

Alligator

54

FIELD NOTES

An American alligator's snout is broad. An American crocodile has a narrow snout.

WHERE TO FIND:

American crocodiles live in lagoons and mangrove swamps in southern Florida and the Florida Keys.

WHAT TO LOOK FOR:

✳ SIZE
Crocodiles can be over 16 feet long.

✳ COLOR
Adults are brownish gray to olive. The young are lighter with darker markings.

✳ OTHER FEATURES
Like the alligator, the American crocodile has a second set of eyelids.

✳ BEHAVIOR
Crocodiles are sometimes noisy, but not as noisy as alligators.

Unlike alligators, American crocodiles usually live in salty water.

MUD PUPPY

The mud puppy is a kind of amphibian called a salamander. Most salamanders hatch in water yet spend their adult lives on land. The mud puppy, however, never leaves the water.

WHERE TO FIND:
Mud puppies live in ponds, lakes, streams, and rivers, but their dark shapes are hard to see in the water.

WHAT TO LOOK FOR:

✳ SIZE
A mud puppy is 8 to 16 inches long.

✳ COLOR
Mud puppies are gray, brown, or black. Most have dark spots.

✳ OTHER FEATURES
They have long, slimy bodies and paddle-shaped tails that help them to swim.

✳ BEHAVIOR
A female mud puppy lays up to 190 eggs. She sticks these eggs onto rocks or logs and guards them until they hatch.

The mud puppy is also known as the waterdog. It is called these names because people once thought the animal could bark.

TIGER SALAMANDER

 Tiger salamanders belong to a group called mole salamanders because they dig burrows like moles do. Some have yellow and black stripes, like a tiger.

WHERE TO FIND:
Adults live underground or under rocks or logs. In spring, larvae and mating adults live in ponds.

WHAT TO LOOK FOR:

✳ SIZE
They are 6 to 13 inches long.

✳ COLOR
Tiger salamanders are usually dark, with lighter spots or stripes. Some are brownish with darker spots.

✳ OTHER FEATURES
They have riblike grooves along the sides of their bodies.

✳ BEHAVIOR
They eat most other animals that are small enough for them to swallow.

The tiger salamander is one of the largest salamanders that lives on land.

FIELD NOTES

Young tiger salamanders look like axolotls (ACK-suh-LOT-ulz)— salamanders often kept as pets.

EASTERN NEWT

 A newt, which is a kind of salamander, starts its life in water. The adult eastern newt also lives mainly in water, but it may spend several years on land before it becomes an adult.

WHERE TO FIND:
Adult newts live in ditches, ponds, and lakes. Some young newts also live on the shady forest floor.

WHAT TO LOOK FOR:

✳ **SIZE**
The eastern newt is two to five and a half inches long.

✳ **COLOR**
It is olive-green with a yellow belly. Some newts have red spots or stripes.

✳ **OTHER FEATURES**
It is lizardlike in shape with a blunt, rounded head and a flattened tail.

✳ **BEHAVIOR**
Newts eat worms, slugs, insects, and crustaceans (crus-TAY-shunz).

Newts are less slimy than other salamanders, and have rougher skin.

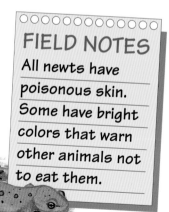

FIELD NOTES

All newts have poisonous skin. Some have bright colors that warn other animals not to eat them.

RED SALAMANDER

The red salamander belongs to the largest group of salamanders—those without lungs. These creatures breathe through their skin and the lining of their mouth. They must live in moist places.

WHERE TO FIND:
Red salamanders live under rocks, rotten logs, or moss, either near or in cool, clear streams.

WHAT TO LOOK FOR:

＊ **SIZE**
Red salamanders are four to seven inches long.

＊ **COLOR**
They are red or reddish-orange with dark spots.

＊ **OTHER FEATURES**
They have riblike grooves along the sides of their bodies.

＊ **BEHAVIOR**
Earthworms are the red salamander's favorite food.

The red salamander looks like a poisonous,
red eastern newt, so animals will not eat it.

Two-lined salamander

SPADEFOOT

Spadefoots are amphibians that burrow deep into the ground in dry areas. They live underground during the day to stay moist, and come out at night to hunt for food, such as insects, and to mate.

WHERE TO FIND:
Spadefoots live in sandy or loose soil, from grasslands to deserts. Look for them during and after rain.

WHAT TO LOOK FOR:

✳ SIZE
Spadefoots are one and a half to three and a half inches long.

✳ COLOR
They are usually mottled gray, brown, or green.

✳ OTHER FEATURES
A spadefoot can develop from egg to young spadefoot in just two weeks.

✳ BEHAVIOR
Female spadefoots lay their eggs around plants in the water.

Spadefoots look
like toads, but they
have smoother skin
and catlike eyes.

NARROWMOUTH FROG

Some narrowmouth frogs live in burrows. The Great Plains narrowmouth frog often shares the burrows of animals such as lizards, moles, or large spiders.

WHERE TO FIND:

You are most likely to find narrowmouth frogs near water, under rocks and logs, or among leaves.

WHAT TO LOOK FOR:

✳ SIZE

Narrowmouth frogs are only one to one and a half inches long.

✳ COLOR

They vary in color. The eastern narrowmouth is brown, red, or gray.

✳ OTHER FEATURES

A male narrowmouth frog's throat is darker than a female's.

✳ BEHAVIOR

Frogs usually hop, but narrowmouth frogs often run. They eat ants.

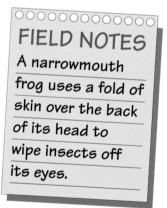

Like all narrowmouth frogs, the eastern narrowmouth frog has a small, pointed head.

Great Plains narrowmouth frog

TOAD

There are many kinds of North American toads. They are all fat and round and have short legs and dry, warty skin. They have large glands behind their eyes that produce poison.

WHERE TO FIND:
Toads live on land, but breed in water. You are most likely to find them on land on warm or rainy nights.

WHAT TO LOOK FOR:

✳ SIZE
Toads are two to seven inches long.

✳ COLOR
They are mottled brown or gray, often with darker spots.

✳ OTHER FEATURES
A toad digs burrows using the two spadelike growths on each back foot.

✳ BEHAVIOR
Many toads inflate themselves with air if they are caught. This makes it hard for predators to swallow them.

The toad, like some frogs, has a pouch of skin, called a vocal sac, under its mouth. This fills with air and helps it to croak loudly.

FIELD NOTES

Some people think that you can catch warts from touching a toad, but this is only a myth.

PICKEREL AND LEOPARD FROGS

 Pickerel and leopard frogs are closely related and look like each other. They are all spotted with two light-colored ridges running down their backs.

 **WHERE TO FIND:**
Pickerel and leopard frogs usually live in or around water, and come out at night to feed.

WHAT TO LOOK FOR:

✳ **SIZE**
They are two to five inches long.

✳ **COLOR**
They are green or brown with darker spots, like a leopard. These spots form bands on their back legs.

✳ **OTHER FEATURES**
Pickerel and leopard frogs have long back limbs and slightly pointed snouts.

✳ **BEHAVIOR**
In summer, they may wander far from water, looking for food or new homes.

The pickerel and leopard frog look alike, but the leopard frog (above) has rounder spots than the pickerel frog (below) which has squarer spots.

Pickerel frog

FIELD NOTES

Pickerel frogs have poisonous skin. Their brightly colored undersides warn other animals to stay away.

BULLFROG

 The bullfrog is the largest frog in North America. It lives in water and has webbed toes on its back feet. It has a well-known, deep call that sounds like *jug-o-rum*.

WHERE TO FIND:
Bullfrogs hunt for food among plants at the edge of water. Look for them in or near ponds or ditches.

WHAT TO LOOK FOR:

✳ **SIZE**
Bullfrogs grow to eight inches long.

✳ **COLOR**
They are greenish or brownish. Some have gray or brown netlike patterns on their backs and legs.

✳ **OTHER FEATURES**
Their smooth backs have no ridges.

✳ **BEHAVIOR**
Bullfrogs will eat most other animals that are smaller than themselves, including other frogs.

Male bullfrogs, such as this one, have huge eardrums behind their eyes, for sharp hearing. The females have smaller eardrums.

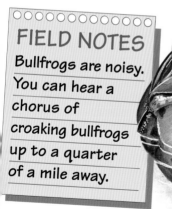

FIELD NOTES

Bullfrogs are noisy. You can hear a chorus of croaking bullfrogs up to a quarter of a mile away.

CHORUS FROG

 Chorus frogs are often heard but rarely seen. They gather in large numbers and call out *creeeek*, which sounds like a fingernail being dragged over the teeth of a comb.

WHERE TO FIND:
If you are lucky, you may catch sight of a chorus frog near a pond or swamp during spring.

WHAT TO LOOK FOR:

✳ SIZE
Chorus frogs are only three-quarters of an inch to one and a half inches long.

✳ COLOR
They are brownish with two or three darker stripes or rows of spots down their backs.

✳ OTHER FEATURES
Most have small, rounded toe tips.

✳ BEHAVIOR
Chorus frogs stop calling and run for cover if you come too close to them.

Chorus frogs can call loudly, despite their tiny size, because they have huge vocal sacs.

FIELD NOTES

A spring peeper is a kind of chorus frog. It has an X on its back. It has toe pads to help it grip onto plants.

GLOSSARY

Aggressive Bad-tempered and ready to attack.

Barbel Beardlike threads on a turtle's throat that sometimes help it to feel things.

Bask When an animal lies in the sun to soak up the warmth it needs to move around.

Camouflage An animal's coloring that helps it to hide from predators by blending in with the color of its surroundings.

Crevice A small crack in a rock.

Crustaceans Hard-shelled creatures, such as crabs or crayfish, that usually live in water.

Fangs The long, hollow, or grooved teeth of a poisonous creature that it uses to inject venom into its prey.

Gills The part of the body used for breathing by creatures that live underwater.

Gland A part of the body that makes a special substance, such as venom, for the body to use.

Heat-sensing pit Tiny hollows in the skin of some snakes that can sense heat in the air, such as the heat from their prey's body.

Inflate To swell up with air.

Mate An adult animal's male or female partner with which it produces young.

Predator Any creature that hunts other creatures for food.

Prey Any creature hunted by other creatures for food.

Scent organ A part of the body that picks up smells from the air.

Territory The place where an animal lives, in which it feels safe, and which it defends.

Toe pad Pads underneath some creatures' toes that help the creature to grip onto slippery surfaces.

Venom The poisonous liquid that some animals, such as snakes, inject into their prey when they bite.

Water moccasin A kind of poisonous snake that lives around water.

INDEX OF
REPTILES

ABOUT THE CONSULTANT

Dr. David S. Kirshner was born in Winnipeg, Manitoba, Canada. Upon completion of his BSc degree in zoology he traveled to Australia to do a PhD on Indo-Pacific crocodiles. After a few years spent working in zoos in Australia and Canada, and as a park naturalist/interpreter for Parks Canada, he returned to Australia to live. Within a year he began illustrating full time, turning a former hobby into his main line of work. He now specializes as a wildlife illustrator, working from his studio in Sydney, but continues to take frequent trips into the wilds to experience nature firsthand.

PHOTOGRAPHIC CREDITS